本书基金项目：

教育部人文社科项目
《新制度经济学视角下我国制造业产业集群的升级路径研究》
（课题批准号：11YJA790083）
辽宁省科学技术计划项目
《节能减排视角下辽宁制造业产业集群升级与区域经济发展研究》
（项目编号：2012232001）
沈阳师范大学校内重大原创项目
《辽宁制造业产业集群升级的瓶颈与对策研究》

我国制造业产业集群升级的新制度经济学研究

WOGUOZHIZAOYECHANYE
JIQUNSHENGJIDEXINZHIDU
JINGJIXUE YANJIU

人民出版社

责任编辑:李椒元
装帧设计:文　冉
责任校对:余　倩

图书在版编目(CIP)数据

我国制造业产业集群升级的新制度经济学研究/刘春芝,史建军著.
-北京:人民出版社,2013.10
ISBN 978－7－01－012584－8

Ⅰ.①我…　Ⅱ.①刘…②史…　Ⅲ.①制造工业-产业发展-研究-中国
Ⅳ.①F426.4

中国版本图书馆 CIP 数据核字(2013)第 220251 号

我国制造业产业集群升级的新制度经济学研究
WOGUO ZHIZAOYE CHANYE JIQUN SHENGJI DE XINZHIDU JINGJIXUE YANJIU

刘春芝　史建军　著

人民出版社 出版发行
(100706　北京市东城区隆福寺街 99 号)

北京世纪雨田印刷有限公司印刷　新华书店经销

2013 年 10 月第 1 版　2013 年 10 月北京第 1 次印刷
开本:710 毫米×1000 毫米 1/16　印张:12.25
字数:200 千字　印数:0,001－3,000 册

ISBN 978－7－01－012584－8　定价:24.00 元

邮购地址 100706　北京市东城区隆福寺街 99 号
人民东方图书销售中心　电话 (010)65250042　65289539

序　言

改革开放以来,我国通过承接国际产业转移来嵌入全球价值链网络,现已成为全球最大的代工制造基地,并在我国东部沿海地区形成相当规模的制造业产业集群。然而,我国的制造业产业集群多数处于"微笑曲线"的中部,在利润水平薄弱的生产环节有强大实力,却鲜有企业和集群能够占据盈利水平高的市场营销、研发设计等环节。这使得我国的制造业产业集群呈现出"两头小,中间大"的"梨形身材",并且由于轻重工业发展的不均衡,高科技产业发展的滞后,出现了明显的跛足。"梨头"部分的高端环节,尚无力掌握。而肥胖的"梨身"——制造生产环节不但利润低,而且由于集群的高聚集程度,许多产业集群内部产生了过度竞争。犹如一个人吞下了大量的食物,出现了消化不良,无力转化为自我的持续成长能力,甚至出现了"积食"症状。靠产品数量和低成本取胜的老路子已经日益显得艰难。轻工业环节技术含量低,利润摊薄严重,却是我国制造业集群目前的"发力腿"。而利润相对丰厚的重工业、高技术产业却发展严重不足,成为"短腿"。因此,探索我国产业集群如何突破当前面临的困境和锁定效应,如何实现产业集群的升级与可持续发展,具有重要的理论价值和实际应用价值。

新制度经济学研究信息不对称、有限理性、资产专用性与正的交易费用条件下博弈主体的行为均衡。其中的制度是指游戏规则(the rule of the game),包括正式制度、非正式制度和实施机制三大类。新制度经济学认为制度(规则)决定行为与绩效,制度优劣是造成个体与组织绩效差异的根本原因。由于新制度经济学放宽了主流经济学的研究假设,以真实世界的现实问题作为研究对象,使得新制度经济学在理论界中的影响逐渐加强,尤其在新制度经济学家科斯(Coase,1991)与诺斯(North,1993)分获诺贝尔经济学奖后,新制度经济学被广泛地应用于多领域的研究之中。

本研究以新制度经济学的制度为研究视角,以制造业为实证分析样本,对我国目前产业集群形成的制度诱因、成长路径和实施机制等问题进行深入剖析,从制度上阐释当前产业集群中存在的路径依赖、创新锁定、发展瓶颈等困境与障碍,探索产业集群突破制度障碍、实现集群升级的具体模式与策略,从而为产业集群的可持续发展提供对策性建议。本书具有以下几个特点:

第一,研究视角比较新颖。

本研究以制度为研究视角,以制造业为实证分析样本,通过分析辽宁制造业产业集群的发展瓶颈和路径依赖问题,以探讨实现企业和地方政府的协调共赢、企业理性与政府理性协调统一的制度安排和战略对策。

第二,研究方法比较多样。

本研究以制度分析、比较分析和博弈分析等主要研究方法,辅以运用计量学与案例分析等多种方法进行系统的深入分析,增强分析的深度和科学性。

第三,立论依据比较翔实。

本研究通过运用诸多信息手段查阅大量的文献资料,并通过实地考察、领导或专家访谈和问卷调查等方式获得较为真切和翔实的数据和资料。并以此为立论依据,在做到理论与实践相结合的同时,力争使研究结论具有科学性和实用性。

第四,治学态度比较严谨

该书中提出的理论观点,均有支持的事实依据。全书引用几百种中英文参考文献,表明作者博览群书,对相关成果的承认与尊重。对他人的成果,在引用时,均注明出处。对国际上的主要理论观点,大多引用了原著。这不仅有利于读者阅览相关文献和进行继续研究,而且在学风上也十分值得提倡。

诚然,作为一个学术研究领域的垦荒者,在做出一些铲除荆棘之后,更重要的是留给人们播种耕耘的空间。本书同样存在一些值得商榷之处和有待进一步深入探讨的地方。该书即将出版,但是关于该领域的研究并没有结束。希望春芝教授进一步开阔思路,继续关注制造业产业集群升级的理论与实践,不间断地进行后续研究，以取得更大的成就，这是我所期盼和希望的。是为序。

2013 年 4 月 6 日

目 录

第一章 引 言

一、研究背景与目的

经济迅猛发展的今天,全球化早已成为不可逆转的大趋势,科技、资金、人才等传统因素的力量在经济全球化的过程中发挥的作用也已被人们所共识。但相悖于古典经济学理论中的区位地理因素的作用,却没有因为全球化的加强而产生理论中所描述的"趋于均匀"的现象,而是在"许多高素质的专门技术和知识、组织机构、专业化的企业、相关的贸易""往往又集中在特定的地理区域"(Krugman,2000)。产业集群迅猛发展的趋势,自1990年美国经济学家波特在《国家竞争优势》一书中正式提出后,研究范围已经远远超出学者本身,越来越多的企业家和政府机构也加入到讨论和研究的队伍中来。

产业集群的发展是一种全球性的经济现象,数量众多的相关企业按照产业内部自身的经济特点集聚于某一区域,形成一个拥有完整或大部分产业链的产业群落。国内外大量已成型的产业集群实例表明,"与非集群相比,产业集群的竞争力更高。增长速度更快,创新力更强。这是因为产业集群能通过多种途径……提升整个区域的竞争能力,并形成一种集群竞争力。这种竞争力将是非集群和集群外企业所无法拥有的"(魏后凯,2003)。例如,美国的"硅谷"高新技术产业集群、好莱坞的电影制造产业集群和加利福尼亚高尔夫球生产制造业集群;英国斯塔福德郡的陶瓷产业集群、贝德福德郡的草帽生产、白金汉郡的椅子制造等产业集群;意大利比耶拉和普拉特的羊毛纺织产业集群、萨斯索罗的瓷砖产业集群;德国索林根的刀具业集群;日本东京的机械产业集群;挪威的油气、鱼类食品、海洋运输三大产业集群。国内产业集群的发展开始于上世纪80年代,沿海地区受到改革开放的影响最早出现了具有产业集群特征的"块状经济",并得到快速发展。比较有代表性的有:苏南地区的 IT 产业、晋江的制鞋业、山东寿光的蔬菜、河北清河的羊绒和北京中关村的信息产业等。经过 30 多年的快速发展,产业集群早已不是某一地区独有的经济现象,现已成为中国经济发展和宏观产业布局的成功范式和发展趋势。产业集群的飞速发展以及对当地经济的推动作用,也使产业集群的研究日益被政府和学者所重视。

制造业是推动社会发展和进步的永恒产业,也是产业集群研究的重要领域。伴随着全球化的发展,制造业集群式发展已经是制造业产业发展的新趋势和今后产业合作的新特点。现代贸易理论指出,制造业集群发展的趋势是按照 U 型曲线来发展的(Brulhart and Torstensson,1996),即产业集群程度是随着市场规模的增加呈现先下降后上升的趋势。如西欧制造业在 1975 年到 2000 年间的产业结构变化(Brulhart and Traeger,2002)。而我国自改革开放后市场经济体系逐步建立起来,使经济逐步具有动态的竞争优势。产业的集聚程度和演变过程也与西方国家有了可比之处,因此也就可以使用现代经济学领域的研究成果来分析中国的制造业产业集群的发展状况。

改革开放至今的 30 余年间,中国制造业产业集群得到了快速的发展。从区位分布的范围来看,越是市场经济发达、市场机制健全的地方,越容易出现产业集群。珠江三角洲地区是我国最早接触世界的窗口,产业集群也最早发源于此。该地区发挥靠近我国香港、澳门和台湾的区位优势,吸收大量的外商直接投资,依靠当地廉价劳动力发展外向型的加工产业。由于外商在选择投资地时出于规避风险、减少信息成本的考虑,一般偏好已有外商投资的地方,这就在客观上使得这种产业发展在一开始就带有明显的地区集聚的特点。因此,珠江三角洲的许多地区从发展之初就集中了大量的相关产业的外商投资,这些外商投资的集中地很快成为某一产业的集中地。浙江是改革开放初期民营资本发展最为活跃的地区,也是目前中国产业集群发展最有活力的省份之一。"一乡一品、一县一业"的集群模式已成为浙江经济的一大特色,并成为浙江经济快速发展的主流模式。截至"十二五"开局之年,全省工业总产值或销售收入在十亿元以上的制造业产业集群有 285 个,百亿元以上的 37 个,平均每个县拥有 3 个产业集群。这些产业主要分布在纺织业、塑料制品业、医药制造业、通用设备制造业、交通设备运输制造业等 28 个工业门类。这些地区的单个企业规模并不大,有很多甚至是家庭作坊式企业。但由于大量小企业在空间上集聚,该地区形成的行业规模却很大。此外,长江三角洲地区、环渤海湾地区、中西部地区和东北地区也出现了发展模式迥异、适合当地产业发展特点的产业集群发展模式。

综合来看,各地产业集群互有特点、各有所长,但集群水平不高,大多还是依靠低要素成本优势来组织生产,缺乏持久竞争力。从技术上看,通常所说集群的竞争优势并非取决于其低要素成本优势,然而我国目前的情况正反其道而行之。这种现象出现的后果是,一旦该地区出现某一要素成本的大幅提升,则势必造成集群内企业的大量外迁。产品的附加值不高、技术含量低也是目前集群内企业共有的问题。例如美国学者近日披露的一份研究报告称,每售出一台 iPhone 手机,苹果公司就能获得其中利润的 58.5%,而作为主要的 iPhone 组装地,中国大陆相关业者从中能获得的利润只有 1.8%[①]。这种利润微薄的情况,势必对企业进行产品研发、设计以及市场营销、品牌维护等出现力不从心的现象。长此以往,就会导致集群内众多中小企业在仿制大企业的基础上进行低水平重复和无序的生产,以致出现劣币驱逐良币的"柠檬市场"效应,使集群走向衰亡。从理论上来看,尽管国内有部分学者对这一情况作了认真、详尽的分析,但大多只是针对集群产生和发展的内部机理、产业集群与地区经济增长的关系、集群战略与相关政策等方面的探讨,仍旧没有理顺产业集群内部的一些问题。因此,本文另辟视角,以新制度经济学的组织理论来剖析中国制造业产业集群的内部机理和提升集群效率和质量,试图将新制度经济学的相关理论与我国制造业产业集群的特点结合起来,通过制度层面的分析找出其内在的作用机理,从而建立起一个系统的制造业产业集群的升级发展的新路径。

二、研究的理论和实际应用价值

改革开放以来,我国通过承接国际产业转移来嵌入全球价值链网络,现已

---

① 《iPhone 手机利润分配图曝光 高价苹果"高"在哪?》,新华网:"http://news.cntv.cn/ 20111123/113078.shtml"。

成为全球最大的代工制造基地,并在我国东部沿海地区形成相当规模的制造业产业集群。然而,我国的制造业产业集群多数处于"微笑曲线"的中部,在利润水平薄弱的生产环节有强大实力,却鲜有企业和集群能够占据盈利水平高的市场营销、研发设计等环节。这使得我国的制造业产业集群呈现出"两头小,中间大"的"梨形身材"(郑洁琦,2010),并且由于轻重工业发展的不均衡,高科技产业发展的滞后,出现了明显的跛足。"梨头"部分的高端环节,尚无力掌握。而肥胖的"梨身"——制造生产环节不但利润低,而且由于集群的高聚集程度,许多产业集群内部产生了过度竞争。犹如一个人吞下了大量的食物,出现了消化不良,无力转化为自我的持续成长能力,甚至出现了"积食"症状。靠产品数量和低成本取胜的老路子已经日益显得艰难。轻工业环节技术含量低,利润摊薄严重,却是我国制造业集群目前的"发力腿"。而利润相对丰厚的重工业、高技术产业却发展严重不足,成为"短腿"。因此,探索我国产业集群如何突破当前面临的困境和锁定效应,如何实现产业集群的升级与可持续发展,具有重要的理论价值和实际应用价值。主要表现在:

第一,推动我国当前的制造业产业集群突破现存的发展瓶颈,实现集群的升级、创新与可持续发展。

目前,我国制造业产业集群面临着成本比较优势逐渐弱化、无序竞争严重、集群创新不足等严峻现实,人才、技术和制度等诸多发展瓶颈问题越来越突出,分析我国当前制造业产业集群的发展瓶颈与困境,探索如何突破瓶颈,实现集群升级与可持续发展的具体路径具有重要的现实意义

第二,可以建立一个产业集群的新制度经济学分析框架,为进一步开展产业集群研究开辟了新的领域。

本书以制度为研究视角,对产业集群的形成诱因、成长路径、实施机制、发展瓶颈、路径依赖与创新锁定、集群升级模式与可持续发展等问题进行深入剖析,进一步融会新制度经济学和产业集群的相关理论,在二者之间探讨最佳结合点,从而构建产业集群的新制度经济学分析框架,进一步丰富产业集群的理论研究体系。

第三,对我国产业集群实践及区域经济发展提供借鉴意义。

本书以制造业为例,针对目前我国产业集群的发展现状与存在的主要问题,提出产业集群的升级模式与升级策略,提升产业集群的竞争力,推动产业集群的可持续发展,从而为区域经济发展打造合理的增长极,为区域创新打造

发展平台,这将对我国产业集群实践及区域经济发展提供借鉴意义。

三、国内外研究综述

产业集群的升级实质上是集群存量绩效与增量绩效的增加,并由集群内外部各因素综合决定。国内外现有的关于产业集群升级的研究多集中在内部治理与外部联系上。

集群所在区域政府的政策支持力度和公众社会的配合程度,以及起着桥梁作用沟通两者之间的治理系统,是培育成功集群的保证(Hudson,1998)。部分学者研究发现,网络化的产业集群内部治理结构对产业集群的升级有着正外部性(Brusco,1990;Schmitz,1992;Dei Ottati,1996;Meyer-Stamer,1999)。此外,对全球价值链的经济学分析发现,外部联系对产业集群也有明显的升级作用(Humphrey,2002;Schmitz,2002;Gereffi,2005)。产业集群治理与升级的内涵是,集群内部各权益主体在博弈的基础上,基于各自在集群内部权力分配的比重,为了建立和维护集群本身的竞争优势,以实现集群利润增长和由于各企业间相互作用而产生创新成果的集体行为(Eright,Brown,Gilsing,2000;Propris,2001;Schmitz,2002)。为了规避外部环境对产业自身造成的压力和集群内部各企业最大程度消除自身风险的考虑,是促成产业集群升级的动因(Poter,1998;Gilsing,2000)。

除了理论上的系统研究外,还有部分学者在实证研究中也取得了一些成果。融入全球价值链的生产方式是现代经济的特点之一,东南亚国家利用自己劳动力成本低廉的优势,大量将发达国家的劳动密集型产业转移到自己国家来,服装产业在主动升级的过程中屡屡受挫的现实,让发展中国家认识到嵌入全球价值链的生产是机遇与风险共存的(Gereffi,1999)。巴西的西诺斯谷(Sinos Valley)是该国著名的鞋业集群,产品大多输往美国,在全球价值链中属于生产低附加值的生产环节。当地一些大生产商为了能够维持其自身的利润,以低廉的价格优势占有美国市场,并利用自身在国内的地位,阻碍鞋业产业集群的升级(LuiZa,2001)。比较成功利用全球价值链生产的案例,当属中国台湾的PC产业。20世纪80年代,当地企业从无到有,利用产业转移的机会,实现了一些品牌的来料加工的代工生产阶段,随后通过自身产业的不断提升和创新,利用了大约十年左右的时间,发展到从设计到生产都自行完成的阶段。不仅提升了集群内的知识创新,而且还丰富了与集群外部的外部关联,实现了从原始生产到 OEM,最终到 ODM 的飞跃(Humphrey,2000)。

产业集群的升级也离不开相关产业政策的扶持,政府出台些有利于促进合作创新的产业政策,并加以引导,推动集群内各企业整体进步,从而增强集群的竞争优势(Cooke,2000)。无论从个体角度还是集体水平上,区域创新和集群政策都决定着知识、学习和能力建设的方向(Landabaso,2000)。

Humphrey 等学者认为,集群升级的目的在于增加利润和提高创新能力。要实现这一目的,就必须在升级的过程中消除产业集群风险(Humphrey,2002)。其原因在于产业集群风险会增加成本并弱化创新能力,抵消由于产业集群升级所带来的正价值。而消除产业集群风险,就可以增加企业间的生产协作能力,深化产业集群的专业化分工程度,提高产业集群的运行效率。

产业集群在嵌入到全球价值链实现产业集群的升级过程中,如果过分的依赖外部关联而忽略了集群内部的网络性建设,势必会影响产业集群的长久发展。国内江苏、浙江等省份的服装企业,通过在香港等地并购一些较有实力的贸易企业,以达到控制产品销售渠道的目的。尽管在全球价值链中,部分产业提高了价值链的增值部分,但由于销售终端仍旧被老牌或新兴工业化国家所掌控,无形中我们的产业升级周期也就被拉长了(张辉,2006)。我国的陶瓷产业集群在嵌入全球价值链中对外部联系过分依赖,丧失了功能性升级和交叉链升级的动力(文嫣,2004)。随着研究的不断深入,国内学者的研究也逐渐提高到理论层面上来。比较多的学者对中国产业集群发展升级中应该借鉴的外国成功经验进行了有益的探讨(王缉慈,2001;王珺,2004;朱永华,2005)。黎继子等人(2005)认为产业集群的发展不仅需要全球价值链嵌入和耦合推动,还需要推进集群的供应链式整合。刘志彪和张少军(2008)提出中国产业集群的升级,并不仅仅是在全球价值链内的逐步提高,而是通过全球价值链的延伸,将全球价值链转化为国内价值链。

四、研究方法与创新点

产业集群研究是一个跨学科的课题,所以在方法论上也不能够拘泥于某一单一的研究思路来分析。在新制度经济学的视角下,运用制度的概念来阐述产业集群升级的途径和实现方式,是一个比较新颖的领域。

首先,充分研究了制度经济学与产业集群升级之间的关系。在研究过程中,秉承着尊重事实、尊重数据的原则,以经济学的基础理论为指导,统筹研究,结合实际。

其次,在规范研究方面,本文主要对新制度经济学理论和产业集群理论等进行了理论分析,并在前人的基础上,作者提出了以新制度经济学视角为出发点的产业集群升级模式新方法;结合我国诸多省份产业集群的发展特点和现状,研究如何提升集群层级来提高中国制造业的产业竞争力。

在应用方法研究和实证研究方面,本文主要集中在对区域经济竞争力研究上提出作者的看法;设计了衡量制造业竞争力水平的指标体系,并以此为基础进行了测算。通篇以计量分析数据位依据,有针对性地提出产业集群升级的策略方针。

第三,本书的研究方法并没有完全遵循新制度经济学的思路,当我们讨论集群升级的路径依赖和制度设计的时候,我们所使用的是有限区域条件下的一般理论。在对中国制造业产业集群的发展现状进行分析时,采用了一般的数学模型,如感应度系数和生产诱发系数等;在对中国制造业产业集群竞争力的影响因素的检验和影响地区产业增长的因素分析中,我们采用的是面板数据回归。总体上我们所注重的是一般理论研究与实证分析相结合的方法。

第二章 研究的理论基础

第一节 产业集群理论

随着市场竞争的加剧,当代企业的经营环境发生了重大变化,其中重要的方面就是企业凭借丰富的知识资本而取得完全的竞争优势。为了能够在经济全球化体系中站稳脚跟,处于同一产业或相关产业的企业或机构,由于产业上的密切联系而需形成一种空间集聚。这种企业之间既竞争又合作,广泛存在正式与非正式联系的社会地域称为"新产业区"。最早用"Cluster"来描述产业集群现象的是哈佛商学院的波特教授,他指出"集群即指在某一特定区域下的一个特别领域,存在着一群相互关联的公司、供应商,关联产业和专门化的制度和协会"。由于研究者的背景来自经济学、社会学、管理学及地理学等,所以对集群现象分别从不同的角度给出定义,其中包括以下几种:

Porter 认为:产业集群是在某一特殊领域中,相互联系的公司和研究机构在地理上的集聚形式。产业集群通常包括上下游产业的公司、互补产品的生产商、专业化基础结构的供应者和提供培训、教育、信息、研究、技术支持的其他机构,甚至还包括商会和涵盖集群成员的其他集体组织(Porter,1998)。

Enrlhgt 认为:产业集群是一组商业企业或非商业组织,对于作为该组内成员的个体来说,集群是竞争力的重要因素。促使集群企业联系起来的是客商和供应商关系,或共同的技术,共同的客商或配发渠道,或共同的劳动力市场。非商业组织包括产业协会与专业化的产业项目,和政府的产业发展项目相一致的技术和社区学院,网络经纪人等等(Enright,1998)。

经济合作与发展组织(OEDC)认为:"地方生产系统"、"集群"、"产业区"、"企业集聚"虽然术语不同,却同样反映了企业在相关的商务联系基础上所存在的地理组合现象。集群包含的企业数可以不同,大小企业占有的比例也可以不同。一些集群,如意大利的产业区,是由大量的中小企业构成。其他集群的核心可能是大企业,有时是外国企业。在不同的集群里,企业之间有不同程度的交互作用,从松散的企业网络协会到多种形式的合作与竞争(OEDC,2001)。

联合国工业发展组织(UMDO)认为:产业集群是生产和销售一系列相同或相关的产品而面临共同的挑战和机遇的企业在部门上和地理上的集中。这些集中能够提高外部经济,例如出现原料和零部件的专业供应商,专业技能的劳动力市场,以及在技术、管理和金融等方面专业服务的发展。而网络是在一个共同发展项目上专业化合作和互补,解决共同的问题,达到集体效率,渗透到个体企业所达不到的市场上去。由中小企业形成的网络是横向网络,由中小企业和一个或多个大企业组成的网络是纵向的网络。无论是纵向还是横向,网络可以在集群内或独立于集群外而发展。

上述各种集群的定义虽然在表述上存在不同,但一般都包含了以下几个方面:主体由企业和机构组成,一般同处于同一产业,并且由于产业上的联系而在一定的地域空间集中。所以,产业集群是指一系列处于同一产业或相关产业的企业或机构,由于产业上的密切联系而形成的一种空间集聚。因为产业集群所在的地理区域一般比较小,有的是一个镇,有的甚至是一个村,所以这里的产业一般不是宏观上的产业,而是与具体的产品相关的较细层次的产业,如印刷机、个人电脑、瓷砖、皮鞋、领带等具体的产业。

为了让大家对产业集群的发展动态有更系统的了解,接下来我们将从各大主流经济学派对产业集群理论新发展的角度进行梳理,以期对产业集群理论有一个比较全面的了解。

一、古典经济学中的产业集群理论

自从人类社会历史进程中出现生产、交换、分配和消费等经济行为以来,产业集群这一经济现象就一直与人类文明如影相随。从古代底格里斯河和幼发拉底河下游灌溉农业集中耕种的效率(详见 Stavrianos《全球通史》第四章),到当前的"第三意大利"传统产业集群和我国浙江的专业化产业区,无一不说明了产业集群现象是人类文明史上一幅悠久而多彩的美丽画卷。

　　为什么会产生产业集群？它的演变过程如何？如何通过产业集群这种产业组织形式来提高区域整体生产效率,增强产业国际竞争力呢？对众多产业集群现象的理性思考促进了产业集群理论的发展。

　　古典经济学主要是以分工为基础,研究与产业集群相关的比较优势,通常采用规模收益不变和完全竞争的假设前提,来推导区域间的比较优势和产生产业集群的原因;强调"空间异质性",即非流动性要素(如矿产、某些生产要素)的不均匀分布、独特的气候条件或存在运输枢纽(如港口、码头或集市等)。下面是一些与古典经济学的分工思路有渊源关系的产业集群理论。

(一)超边际城市模型的产业集群

　　超边际城市模型运用分工来解释产业的区位集聚现象。由于区位集中有利于减少运输成本、共享公共设施、减少信息失真和不确定性风险等好处,所以以个人、企业为基础的分工单位的自利决策行为有本能地聚集在一起的偏好,从而有利于分工的形成和发展;同时,分工的进一步发展,使得各个分工单位之间的依赖性加强,交易行为的种类和频率大大增加,从而有更强的节约交易费用的欲望,进而进一步加强了向同一区位的聚集。这种相互促进和正反馈机制使得区位集聚与分工深化相互推进,最终在土地、水源和交通等资源的约束下,达到分工和区位分布的最佳均衡状态。按 Krugman 的说法,在一个均质的平原上,在没有规模经济的情况下,是不会出现区位集聚现象的,专业化分工效应取代了规模经济效应。

(二)创新空间理论

　　20 世纪 80 年代以来,创新空间理论以古典经济学的分工为核心,对产业集群的产生进行理论解释。它首先假定纵向分工和产业组织的关系是相互的:一方面,在某一地区形成经济聚集的网络经济分工(如硅谷);另一方面,这些区域生产系统促进了生产和劳动的进一步分工。外部规模经济和范围经济可促进这一过程,新技术的出现特别是柔性生产技术进一步促进了企业与当地的劳动力市场和制度间的交流。该理论认为,技术创新常局限于特定地区,知识以专业化技术进步为基础,通常表现为高度的空间聚集。此外,这些部门和企业间联系的渠道是创新扩散所必需的知识。Storper 和 Harrison 等人区分了生产单元的内部规模及范围经济和整个投入产出系统的规模和范围经济,外部范围经济取决于生产过程的专业化程度,高度工序化意味着投入产出系统包含高度专业化的生产单元。一般地，产业内部关联强，生产商趋于围绕一个区域组织生产，特别是规模小、非标准化的产品，因此单位成本极高。在这种情况下，由于分工产生的外部经济形成聚集，创新与空间的关系建立在如下形式上：外部规模和范围经济与生产相关，促进了系统对外界的适应能力并刺激了内部的创新变化。此外，空间聚集网络在创新过程中起着重要的作用，创新所需的知识易于传播，由于存在这些非标准化和动态交换的关系，创新生产者趋于聚集。这一理论正是通过结合国际化的结构变化与当地和地区变化来说明产业集聚的原因的。

二、新古典经济学的产业集群理论

新古典经济理论在完全竞争市场结构和生产函数规模报酬不变的假设下研究微观经济活动和宏观经济增长，把要素流动看成是瞬间的、无成本的，认为市场力量会使经济趋于均衡，因为当经济运行偏离原有的均衡状态时，市场经济体系具有一种自我恢复均衡的力量。新古典产业集群理论注重地理邻近性导致的知识外溢，以及静态和动态的空间外部性，典型的传导介质是促使集群地域内劳动力(一般是工程师、科研人员和熟练工人)的交流。

(一)新古典经济学对古典产业集群理论的修正

新古典经济学派怀疑马歇尔专业化产业集群的"劳动力蓄水池"作用。如 Mills(1992)指出了引起产业集群的三个因素：第一，投入产出聚集。无论有无规模经济性，当企业 A 使用企业 B 的产品时，如果运输成本高昂，则两个企业距离的接近能够减少运输成本，所以企业 A 和 B 在同一地区或城镇生产经营是很自然的。在此，自然资源和生产过程是约束条件，如同飞机生产需要温和的气候那样；而原油和天然气运输便宜，故炼油厂和油田可以相距很远。第二，购物比较聚集。在纽约的高档时尚服装区域，全美各地的买主聚集到一起来检验商品，价格谈判和设计图案的确定等全部事项都通过面对面的详细交流来解决。即使当今通讯如此先进，能由信息技术完成上述过程，但是众多买主当面解决问题的交易方式依然在服装产业集群中占有巨大的优势。第三，信息聚集。通过产业集群，涉及同类信息的企业可以减少成本或最大限度地得到所需的信息。当信息有公共品属性，或是和供求渠道关系紧密的联产品时，这种趋势更加明显。此外，产业集群还有利于获取产品数量和质量的信息,判断有关信息的精确程度。模糊信息需要通过面对面的交流来精确化,需要当事人"亲自"协商使之明晰。所以,大量似是而非的信息有利于产业集群的形成。可见,即使在互联网普及的今天,企业家持续的面对面的交流依然非常重要,当信息模糊时,面对面交流的重要意义在于通过谈判来明确主旨,消除分歧。

(二)对静态外部性的批判

产业集群的外部性理论信奉规模收益不变和完全竞争的教条,认为产业集群的基本动力是企业间、居民间以及企业与居民间非市场的相互联系,如知识外溢等。因此,许多批评都是针对静态外部性信息流能否测试这个问题:第一,"不可见的问题"。许多实证文献宣称,新古典静态外部性是产业集群的来源之一,这些证据通常会从规模收益递增的角度来进行解释。对此,克鲁格曼认为,"知识流动是看不见的,没有纸质痕迹那样能衡量和追踪,无法阻止理论家假定其喜欢的那类知识。所以,尽管我承认真正的技术外溢在许多产业中作用重大,但即使在高科技产业集群中也不能把技术当做集群产生的主要原因。"第二,企业不一定依靠面对面的交流来维持效率或创新。"事实上,大量证据表明,影响企业效率的信息知识网络能够并且已经在地理上广泛地传播和扩散信息。"汉森认为,在给定的产业集群区里,竞争性企业常常试图保守秘密,而信息通过网络传播的方式,能扩散到其远方的伙伴或盟友那里。

(三)后新古典经济学的集群观点

地理邻近性不一定是竞争优势的充分或可测度条件。1984 年,Piore 和 Sabel 提出了产业区理论,强调意大利式的信任和灵活(或后福特制)的生产系统,从而开创了从环境的视角研究产业集群的方法。Nicolini 认为,企业之间的默契或正式合作是通过一个可持续的网络来实现的。后新古典经济学否认新古典空间外溢观念,赞成地区非等级制的企业之间存在产业网络。Saxenian 对比硅谷和 128 号公路两个微型计算机集群在 20 世纪 80 年代的兴衰情况进行了比较,分析了这两个集群地区交流方式的差别:早期工程师和各类技术专家经常在硅谷的"货车轮"饮料店聚会和交流本行话题;类似的"绿洲"在 128 号公路地区毫无踪影,唯有压抑的大公司等级氛围。她把产业区看做是"关系网络而非原子型企业的集合,涉及项目导向型的适应性生产模式";"高流动性的劳动力和熟练工人群体可以迅速组合在一起。他们为一个项目而结合起来,在好莱坞是一部影片,在硅谷是一个新企业。这个系统充满灵活性和适应性,关于新市场、新技术的信息迅速流动着"。然而,90 年代后期,128 号公路地区复苏,重建了软件和互联网产业,成为软件、医疗和金融三大服务产业的胜地,由此她又提出了为什么 128 号公路区能够克服失败、重新前进的问题。另外,Renney 和 Burg(1999)对以下两个术语进行了定义:第一类经济体系(建立企业及其支撑机构)和第二类经济体系(扶持新企业成长的支撑机构)。"毫无疑问,信息分享和企业间合作是硅谷成功的主要原因,就像 20 世纪 70 年代的 128 号公路一样。"其实,这两个产业集群区成功的最终原因是:新企业的形成机制。新企业的形成取决于第二类经济体系的效力,第二类经济体系的参与者把"发现市场空白点,创建技术优势"当做目标。创新企业就是第二类经济体系的产品,其所包含的"离散的信息包",借助于第二类经济支撑机构,能用来测度市场绩效。这表明产业集群具有动态外部性。

三、新贸易经济学中的产业集群理论

以不完全竞争和报酬递增理念为基础的新方法,特别是在 Dixit 和 Stiglitz 将张伯伦垄断竞争形式化之后催生了新贸易理论。新贸易理论所揭示的专业化和贸易机制与传统经济地理研究中的聚集现象有很大的相似性,涉及产业集群的理论主要有克鲁格曼基于规模报酬递增的中心—边缘模型。1991 年,克鲁格曼在总结 Harris(1954)的"市场潜力"理论与 Bred(1966)以市场规模与区域产业范围间循环关系为基础的进口替代区域经济增长理论的基础上,采用 Dixit-Stiglitz 的垄断竞争假设,提出了中心—边缘模型:有两个区域、两个部门、两种要素;其中,传统产业部门使用非熟练劳动要素,生产同质产品,完全竞争,免费贸易;现代产业部门使用熟练劳动要素,生产异质产品,不完全竞争,有交易费用。熟练劳动力的迁入对本地企业利润产生的正需求效应比企业数量增加所产生的负竞争效应更大。结果表明,一个经济规模较大的区域,由于前向和后向关联,会出现一种自我持续的制造业集中现象,经济规模越大,产业集中越明显,"中心—边缘"结构的形成取决于规模经济、运输成本和区域国民收入中的制造业份额。另外,克鲁格曼还建立了一个动态多区域模型来解释在空间结构均衡时动态力量趋于形成沿地形大概等距离分布的聚集点(城市)。他通过区域跑道模型演绎了区域运行的几何结构。区域跑道模

型反映了区域经济体系中各个构成部分呈环状分布,认为运输费用仅仅受环形周长的影响,制造业的同一布局总是处于均衡分布状态。地平面并不是稳定不变的,集中的区域环形分布会产生轻微紊乱的地平面,自发演化出一个或多个制造业集群。于是,制造业区域由最初均衡布局发展到两区域集中布局。

　　新贸易理论发展了产业区位选择的集群理论。Waltz(1996)认为,区域经济一体化会导致规模收益递增的生产和创新产品的区域性集中,区域经济增长源于产业部门的地理集中及由此导致的生产率持续提高。Martine(1999)则研究了聚集经济条件下的区位竞争问题。他通过模型分析得出结论,在最初的区位竞争中获胜的区域对其他企业具有较大的吸引力,参与最初区位竞争的第一个企业虽然可以获得较大的激励经济,但随后的其他企业却能够从该区域的产业集群形成的外部经济中获益。另外,Venables(1996)以新经济地理学模型为基础,发展了跨区域贸易的产业集群理论。他认为,假定生产要素不能自由流动,如果中间商品受到规模经济和运费的影响,生产过程中必然会出现区际经济不平等问题。在这种情况下,拥有大量制造业门类的区域能为中间商品提供比较广阔的市场,使这些区域趋向于地域一体化集中,从而使下游生产具有成本优势,并强化这种优势,而循环往复。

四、新增长经济学中的产业集群理论

　　新增长经济理论认为,内生经济增长是"边干边学"的过程,无论企业、产业或地方区域经济都是如此。内生技术进步的经济增长在地域空间上表现为区域经济增长的不平衡性,聚集产生的技术外部性和货币外部性使要素边际收益递增,从而引起经济活动的空间聚集。这样,规模经济就不再是一个外生的经济变量,而作为内生经济变量被纳入区域经济增长模型。规模经济内生化的结果是区域经济增长差距越来越大。相关理论基础有阿罗的学习曲线、罗默的增长"处方"、卢卡斯的自回归矢量和时间连续性规定。罗默认为,由于内生技术进步,竞争和合作的公司间有快速的规模递增收益,其结果是,在大城市中定位有持续增强的竞争优势。

　　新经济增长理论通过技术进步内生化为产业集群发展理论奠定了微观经济学基础。阿罗(Arrow,1962)说过,"没有一部法律能够彻底界定像信息这样的无形商品,所以个人在企业间的流动(跳槽)提供了一种信息扩散的途

径。"因为知识绝大部分是固化在劳动者(特别中高技能员工)身上,"战略"性员工的猎头,实际上是提高生产率的捷径。Audertsch(1998)认为,企业乐意迁入"信息富裕"的环境,因为企业"扎堆"后,员工间的非正式交流或员工的"跳槽"行为将使各种默会知识(信息)在企业之间传播扩散。

新经济增长论强调主导企业的技术创新对产业集群的关键作用。Freeman(1982)和Lundvall(1992)认为,地理集中通过信息交易、知识外溢等方式来支持创新发展。由于地理毗邻,因此通过区域内部的交易能获取信息、交流观念和分担成本,从而发挥单独定位所不具备的"集体"优势。同时,各个企业又能保持原有的灵活性和自主性。

集中化创新环境是创新过程的必要条件。Baptista(1998)认为,当创新所需的资源可在企业内部找到时,对创新者而言当地生产环境一点都不重要。然而,如果没有足够的内部资源,激进创新与创新环境就密切相关。他们区分"轨道利用"和技术发明两种战略,前者是利用已有技术进行创新,后者是设计并采用新的生产方法。Maillat认为,技术发明事先假设环境是创新所必需的条件,资源的集成和动用产生新型生产组织,企业不再是孤立的,通过与其他企业、私人培训研究中心、技术转移中心和行政当局建立合作伙伴网络来创造创新环境。

产业聚集的经济性能引起区域的技术质变。Amiti(1998)认为:第一,根据一个两区域模型,上游产业呈古诺寡头竞争型,下游产业呈完全竞争型,上下游产业的垂直关联导致一个区域产生产业集群,另一个区域则"边缘化",并且会产生区域间的工资差异。第二,如果不同的技术不相容,那么,考虑采用新技术的企业将无法享受依旧使用现存技术的企业所享有的聚集经济性。第三,如果企业在选择区域时存在区域间的工资差异,那么,在核心区域(产业集中度高)采用新技术的成本比边缘区域(产业集中度低)要高。第四,最终的均衡结果可能是边缘区域首先采用新技术实现赶超,也可能是采用新技术的企业均匀分布于两个区域。

产业集群面临"技术锁定"的高风险。Venables(1996)认为:首先,企业对过时的生产工艺墨守成规,不愿采用生产效率更高的新技术;其次,企业可能不愿放弃与现存技术连为一体的聚集经济利益;最后,存在产业区此消彼长的现象,在产业集中度低的边缘区域,由于与现存技术关联的聚集外部性并不占优势,则更有可能采用核心区域(产业集群大的区域)不愿采用的高新技术。当边缘区域的企业纷纷采用这种新技术时,则边缘区域的聚集经济性逐渐上升,从而最终赶超原来的核心区域。所以,核心区域不仅可能延迟新技术的应用过程,而且其集群优势很可能被边缘区域取代。

五、产业经济学中的产业集群理论

(一)不完全竞争模型:产业经济学的集群分析框架

区位竞争模型假设消费者偏好分布于某些参数的连续空间内,不同消费者具有不同的最佳位置。企业通过确定恰当的产品差异性和价格实现利润最大化目标。后来,Koopmans(1957)认为,产业集群的来源是不可分割的,即任何经济主体不是无限可分割的,必然占用一定的空间。"如果认识不到不可分割性(如个人、住房、工厂和设备等),那么城市区位问题,哪怕是小木桩的区位问题都无法理解。"

产业经济学集群分析的理论基础是有名的"空间不可能定理"。Strarrett(1978)引入同质空间来分析阿罗—德布鲁模型时发现,经济中任何空间竞争均衡时的总交易费用必须为零,因此均衡时不可能出现城市和区域间贸易,即完全竞争模型不可能是研究空间经济学的基石。这一定理的假设条件是:经济空间中的区域是有效的;每个企业只能选择一个区域,每个居民也只能选择一个区域;每个区域内部的交易没有费用,而跨区域交易存在交易费用;区域是同质的,每个企业或居民都可以自由选择任何一个区域;企业或居民没有对任何区域的先天偏好差异,即居民在任何一个区域的效用函数和消费集相同;企业在任何一个区域的利润函数和生产集相同。其主要结论是:当一个经济体系中存在有限数量的经济主体和有限区域时,如果空间同质,交易费用和偏好无区域差异性,那么就不会产生涉及跨区域的完全竞争均衡。因此,只要经济体系中存在不可分割性,即任何经济主体的活动必然占据一定的空间,那么经济主体间复杂的相互作用、相互联系的活动必然产生交易费用。空间不可能定理的意义在于:只要存在跨区域的交易费用,那么就不存在空间竞争均衡(Starrett,1978)。

不久前,有学者在Starrett的"空间不可能定理"的基础上,构建了不完全竞争模型的集群分析框架。Fujita和Thisse(2002)认为,完全竞争体系中,一种商品不仅由其物理特性而且由其制造区域所决定,因此不同区域交易的同种商品可看做是不同的"经济品"。在此框架下,区位选择是商品选择的一部分,从而把市场的空间相互依赖性统一到了一般均衡体系,而阿罗—德布鲁完全竞争体系排除了空间问题理论需要的可能性。这是因为:第一,企业不再是价格接受者,而是根据顾客和企业的空间分布来进行价格决策,并因此而导致企业间、居民间和企业与居民之间的相互依赖性而形成产业集群。第二,垄断竞争模型。企业在规模收益递增的背景下制定价格,并生产差异化产品。因为每个企业很小,相当于产业连续体的一员,所以企业之间的战略相互作用很弱。第三,寡头竞争模型。大的经济主体,如大企业、地方政府、地产开发商等数量有限,他们依赖于其市场势力(或垄断能力)来决定竞争战略,彼此依赖度高,战略上相互作用很强。第四,福利或效率评价。在以完全竞争模型为基础的比较优势背景下的市场结果是社会最优;而外部性和不完全竞争模型涉及市场失灵,所以其市场结果往往无效或低效(非最优)。

(二)产业经济学的相关产业集群模型

近几年来,相关的产业经济学模型大量涌现。Yi(1998)通过假定企业独立性、区域独立性条件,证明即使所有企业和所有区域初始对称分布,随着区域的演化,最终将存在产业集群均衡。Bellefamme(2000)通过假定技术线性外溢,引入一个异质参与者的博弈模型,表明存在两个区域的纳什均衡,并且产业集群均衡有唯一的解。Long 和 Soubeyran(1999)通过成本操纵博弈模型研究发现:在第一阶段,参与者选择博弈类型;在第二阶段进行合作竞争。博弈类型的选择受参与者和操纵变量的影响。在均衡条件下,合作和非合作的成本操纵都可能存在。Ottaviano 和 Thisse(2001)认为,由于跨区域交易存在交易费用,那么经济主体占用空间的活动将产生基本的经济非凸性,以至于不可能存在空间竞争均衡,并用不完全竞争模型分析产业集群。他们的研究结论是:(1)在一个区域内,企业之间因为地理空间毗邻而产生技术外部性,从而形成产业集群。(2)不同区域的企业之间缺乏地理空间毗邻的条件来产生技术外部性,但依然有集群倾向,其原因在于货币外部性。在不完全竞争条件下,企业与消费者(劳动者)之间通过市场导向的相互关系来产生外部经济性。(3)技术外部性本质上是一个"黑箱",地理学家和城市规划者强调其重要性,旨在找到复杂的非市场联系的关键因素。(4)货币外部性是经济学家们津津乐道的话题,因为从规范经济学的角度看,这种外部性的前因后果很清晰,能用基本的微观经济学工具来解释,如规模收益水平、企业的市场势力和商品及要素流通壁垒等。(5)在完全竞争市场上,由于价格永远反映着商品和服务的社会价值,所以只有技术外部性会影响效率。(6)在不完全竞争市场上,由于价格存在市场缺陷,价格变化与经济主体的得失密切相关,所以货币外部性更重要,并且货币外部性更易于理解,因为政策建议需要对相关经济的内在机理进行洞察和了解。如果仅仅用技术外部性的"黑箱"来分析马歇尔产业区,那么有可能会导致非常不适当的"南辕北辙"的政策"处方"①。

六、产业集群理论研究的新趋势——基于知识生产与管理的角度

纵观现代世界产业组织和发展历史,各种产业在世界市场机制的配置下,呈现出一种新的特征——相似或相关的产业在同一区域日益集聚、规模集约,相互之间依存度越来越大,以一种或几种核心技术产业化为引力,逐渐吸纳相关产业为之配套服务,而且处于不断发展壮大之中。产业集群已成为世界各地区域经济发展的主流。经济的全球化和社会的信息化正导致生产要素、各种资源和产业分工在不同层次上迅速地排列组合,并日益集群于跨国界的有个性的地区。产业集群的发展趋势因为产业集群对于中小企业的发展壮大具有极其显著的优势,所以产业集群能够成为我国中小企业的一条切实可行的发展之路。根据企业实际状况,我国产业集群的未来发展的研究趋势主要表现在以下几个方面发展:

(一)产业集群研究趋向于强调知识逻辑

"产业集群"(industrial cluster)各国研究文献和会议中有多种称谓,例如,"地方企业集群"、"地方生产系统"、"区域集群"、"产业区"等。虽然名称各异,所表现的内涵存在某些差异,但这些概念都包含以下的逻辑:(1)集群专业化程度高,竞争力强,表现出强烈的经济功能逻辑;(2)集群强调企业间联系,体现出较强的组织功能逻辑;(3)集群具有社会文化方面的一致性,有利于信任、互惠和社会约束,体现出社会功能逻辑;(4)集群强调企业地理的临

---

① 王步芳:《世界各大主流经济学派产业集群理论综述》,《外国经济与管理》2004 年第 1 期。

近和区域差异性。马歇尔提出了经济外部性并解释了不同企业在某一地区集聚的三个原因,后来的学者对经济的外部性进一步延伸,认为一般劳动力市场的发展、专业化技能的集中、地方供应者和消费者间增加的相互作用、共享的基础设施以及其他的地方化外部性等,集群会形成规模经济和范围经济。

经济学成本理论最先开始是从成本角度以静态的眼光分析集群中企业的关系,并随着内生增长理论的深入,以动态的眼光揭示产业集群的动态过程成为必要。Scott 和 Storper(1987)认为单位交易活动的成本越大,生产商在空间上集聚以便降低成本的可能性就越大。新经济地理学对于经济的空间性给予了较多的关注,规模收益递增是核心模型。克鲁格曼(Krugman,1995)认为集聚经济的关键催化因素是规模递增收益,空间的异质性在某种程度上与产业专业化相联系,区域产业因此而具有竞争力,地方化规模收益递增的存在为产业集聚提供了理论基础。基于成本—收益的角度揭示集群的动态变化存在诸多缺陷。例如,规模收益递增形成原因以及规模收益的范围与最佳、集群竞争力及其持续性、区域主体能动性等方面,成本理论就显示出其局限性。Bell M 和 Albu M(1999)就认为有必要强调集群作为知识积累系统,而不仅仅是生产系统,需要关注一下三个方面的内容,即集群中生产系统和知识系统之间的关系;知识系统内知识应用和知识更新;知识系统的开放性与封闭性。内生增长理论的核心是知识的累积和创新,集群收益递增不仅仅来自于成本的节约,在知识经济时代,知识创新是产业集群竞争力的根本源泉。集群专业化水平则体现出知识的先进性程度。企业间网络联系的组织形式有利于知识的创新与流通。集群内文化认同、相似的认知结构,不仅降低经济交易成本,也减少了知识的交换成本。地理临近强化了集群的经济、组织、社会和文化的各种逻辑。集群由静态向动态、由成本向收益研究的转变,是国外集群研究导向性的转变。这种转变需要从协同论、系统论、进化论等方面对产业集群进行整体与宏观性的哲学方面的探索,采用多学科研究方法研究产业集群的知识生产、流通与价值实现的问题[1]。

（二）充分发挥集群特色及内部协同机制

20 世纪 80 年代末在我国的开发区兴建浪潮中,各地建立了各类开发园

---

[1]　张林:《国外产业集群研究新趋势——基于知识生产与管理角度》,《淮海工学院学报》2007 年第 6 期。

区、高新技术区、出口贸易加工区等,表面上是很多企业的集聚,但实际上这与产业集群存在着实质上的区别。据统计,我国目前有经济技术开发区和高新技术开发区3837个,土地闲置面积占总面积的43%,造成了资源的极大浪费。这些高科技园区大多以税收、土地等优越措施吸引企业进入园区,形成空间的集聚,而不是以企业内在的关联、合作为基础,造成各地区产业结构趋同,重复建设严重,缺乏产业特色,专业化程度低,有限的资源被分散使用,各地的优势没有得到充分利用,更无法形成绝对竞争优势。随着市场经济的深入发展,这种人为的企业聚集将失去发展的动力。所以,当前各地在发展产业集群的时候应因地制宜,发展适合自己的产业集群。应结合本地传统的优秀外在因素和集群内部竞争和创新所产生的内在因素,而不要一味地追求高、精、尖技术,这样才有利于产生参与外部竞争的竞争优势。

另外,产业集群不是简单地将同类的企业安放到相近的区域,集群内的企业不应该是简单的互相复制和模仿,而是应当合理地分工协作。共同促进集群的长期发展,建立其核心竞争力。我们应当引导布局分散的中小企业逐步集中到统一规划的产业区内,改善产业空间布局,优化企业之间的生产协作。促进企业共享基础设施和公共服务,加快生产要素的集聚和资源的优化配置,不断扩大产业规模。集群内的企业有必要进行合理分工和协作,共同抵御市场风险,走专业化发展的道路,从而形成核心竞争力,而不应当一味地为追求高利润而放弃分工和协作,造成资源浪费。

未来,既专业化分工又相互协作是创新集群的一种主要创新方式。企业的空间集中,提高了竞争强度,同行竞争更趋激烈,迫使企业不断创新和降低成本,形成了集群的竞争协同性。产业集群是具有自身优势循环累积特性的经济系统,有极强的自组织、自适应、自增强的性质。随着企业集聚度的上升,集群的竞争优势渐趋显现,形成"磁吸效应",大量企业在集群区自动集聚,随之相关的服务体系和基础设施也不断完善,集群优势进一步增强。集群内的企业尽管存在创新的相互依赖,但逐利是企业的本性。因此群内的企业之间也存在竞争,而且这种竞争遍存于集群的各个角落。竞争会让企业始终保持着足够的动力和高度的灵敏性和警觉性,并将会让企业在竞争中逐渐发展并壮大。按照迈克尔·波特的观点,如果没有有效的竞争,集群将难以生存。然而,这种竞争已经发生了变化,不再是你死我活的竞争,而是一种协作竞争。

参与创新过程的各种力量间的相互作用对创新成功是非常重要的。因此,协作在这种模式下就显得尤为重要,而这恰恰是集群合作创新的本质特征。产业集群内协同的互动机制会促进信息、技术、人才的流动,缓和各经济主体之间的矛盾,为水平垂直型公司创造合作与信任的空间,从而推动集群合作创新的深化。协同性是指系统作为整体,具有组成部分不具有的新的功能。因此,协同性产生了整体大于部分之和,即所谓的"1 + 1 > 2"现象。竞争与协作既是对立的,又是统一的,正是这种矛盾统一体推动着集群的发展与创新。

(三)加速集群层面的知识创新与管理

由于集群能够形成区域竞争力,新的公共政策(比如产业集群政策)在空间集群方面具有浓厚的兴趣。迈克尔·波特的竞争力理论促进了区域政府层面对集群发展的关注,构建创新网络也成为政府管理集群的主要方式之一。Storper M(1993)在区域水平上分析法国、意大利和美国生产网络中提升技术活力的社会关系和制度,认为地方化规则、制度和"习俗"是支持生产体系的地理集中的关键因素。Nadvi K(1999)认为集体行动可能形成集体效率,也可能导致集体失败,其中治理的类型决定了企业间关系,因此,不能仅仅依赖于私人企业之间的合作解决这些问题,必要的公共介入是维持集群竞争力的重要方面。Humphrey J 与 Schmitz H(2003)提出政府促进集群的原则,有效的集体效率的培养是政府介入的重要方面,最有效率的是介入基于"3C"(customer oriented,collective and cumulative)的客户导向、集体和积累。Maskell P 和 Malmberg A(2005)基于现代资源理论认为,区域能力可以看做是人文和物质资源的联合,长期形成的结构、区域具体的制度禀赋,制度禀赋强化了区域经济发展路径依赖的本质。意味着政府也必须积极学习通过构建新的经济结构和新的制度提供新的资源。Lundvall B A 和 Susana B(2007)认为,政府在知识方面的管制要解决三个方面的困境:知识开发和利用的困境、一体化和弹性的困境、多样性与一致性的困境。研究趋势逐渐向政府在知识生产与创新管理方面转变。集群的社会组织与制度设置对集群知识生产、流通与价值实现作用重大,集群整体尺度上的知识管理研究将主要集中在以下两个方面。

首先,集群创新环境的构建,以建立环境和机制诱导为创新,需要对创新环境如何组织进行深入研究。例如,研发和知识创新机构的建立以及商业环境、创业精神的培育等方面的研究。在这方面,有两个重要的问题需要深入研究。第一,鼓励竞争还是鼓励合作的问题。竞争具有促进主体内部动力的作用,但也具有竞争所带来的破坏或者创造性毁灭的成本。协同则通过关系构建获得动力,但过分紧密的关系则不利于竞争,也不利于创新。第二,竞争和协同的效率问题,即采用什么方式使竞争与协同更富有效率,以促进区域发展。

其次,研究要解决集群整体层面上的知识管理方面的问题,因为一旦知识生产和利用成为集群发展的核心,那么,有关于知识领导、组织和管理、工作程序等方面的研究就将成为必须解决的问题,这是一个非常广阔的新领域。当然,知识组织在结构方面是具有差异的,不同集群的知识组织是非常不一样的,合作的方式和知识转化方式也影响知识的转换和交流,有必要比较不同集群的组织形式,有利于组织学习,增加集群层面知识管理方面的效率①。

创新是产业集群可持续发展的关键因素。研究表明,产业集群更有利于企业创新活动的开展。目前我国的产业集群缺乏有效的创新。技术创新、管理创新、模式创新的发展都不成熟。我们应当从企业家、政府、社会机构这几个方面加强创新活动,促进产业集群的可持续发展。产业集群要有自己的集群文化,就像企业拥有自己的企业文化一样。文化可以形成凝聚力和向心力,能够促进产业集群的发展壮大。产业集群发展到一定程度以后,必定能够形成自己的文化特质,而这种文化特质也更能推进产业集群的发展。文化集群是产业集群的必要趋势,也是必然趋势。产业集群应当在发展过程中注意发现和挖掘自身的文化气质,形成自己的集群文化,以加强集群内部的凝聚力,加强集群内企业的根植性,也有利于吸引更多的企业资金的进入。

现代创新理论认为,企业不可能孤立地进行创新,创新是一个交互过程。单个企业越来越难以依靠自身生产所有有关知识和拥有各种相关资源,去完成知识的经济化过程。为了减小风险、缩短进入市场的时间,创新集群中的每个企业都只能从事创新增值链条上的某一环节性工作,实现专业化分工。集群内的企业或机构由于创新空间的扩大、创新风险的降低与分散、创新周期的缩短等原因,形成集群内的创新共生体。按照拉尔森的观点,集群内企业合作

①　张林:《国外产业集群研究新趋势——基于知识生产与管理角度》,《淮海工学院学报》2007 年第 6 期。

创新是企业组织间连续"握手"的结果,集群内的企业形成一个共生的系统。作为集群合作创新的参与者,虽然是相互平等的独立主体,但一旦加入创新网络、嵌入创新集群,他的行为就要受到集体创新目标的引导和制约,形成基于创新依赖的各个网络结点。共生能产生大量剩余,从而使集群内创新网络的参与者取得合作的好处而增强各自的实力,进而取得集群外的竞争者无法得到的创新优势。

（四）知识生产地域的根植性与创新相结合

产业集群既是一个经济系统,又是一个社会系统,产业集群的根植性决定了它是嵌入于社会、文化以及政治制度的网络系统之中。产业集群的根植性是产业集群社会网络的一个根本性特征。产业集群社会网络的根植性是指集群的经济行为深深地嵌入于当地社会关系、制度结构和文化土壤之中。集群合作创新有很强的产业关联性(产业根植性)、地理位置的接近性(地理根植性)、共同的创新文化(文化根植性),这是创新集群竞争优势的关键来源,对集群内中小企业技术创新有极为重要的意义,也具有显著的地域相关特征。所谓产业根植性是指该地域集聚的成员企业只从事某一产业或相关产业的生产和服务,成员之间有广泛的劳动分工和紧密的、基于长远关系的合作,并由此构成了产业生态链系统。所谓地理根植性是指所有成员企业和相关机构(包括政府、大学或科研机构、中介机构、金融机构等)在地域上相互邻近,而且共同"锁定"于一个区域具有显著的地域相关特征。所谓文化根植性广义上可以理解为个体对集群文化网络整体的融入和适应,并受其规制。它意味着在产业集群中,成员的经济活动和活动结果不仅与集群的结构相关,同时还无所不在地受到弥漫在整个集群内的人文氛围的影响。根植性从根本上强化了集群的竞争优势,显现了生产活动的独特性及随之产生的产品和服务的特色性。由于集群企业内部成员不是孤立的个体,而是深深根植于当地社会文化、历史传统、制度和空间背景中的单元,其创新过程也根植于当地复杂社会文化环境和制度环境中,产业集群合作创新正是依赖于这种根植性而强化了产业集群创新的路径依赖。

企业技术创新从构思产生到市场销售各个环节的最终目标都是取得市场效益,即整个创新过程都是围绕一定的市场需求展开的。创新组织必须有一个伸向企业外部的大触角,它是一个开放的系统。产业集群是一个开放系统,必须通过与外界环境不断沟通和交换以维持其生存及发展,产业集群的创新是一个向集群内外开放、主体间互动、整体创新不断发展的过程。产业集群的形成演进,集群竞争优势的获得,不仅有赖于区域内各行为主体之间通过频繁有序的互动、生产要素的交流、组织学习与知识创新及柔性制度的渗透来达到内部的有机整合,而且要求集群网络的各个节点不断与区域外的网络节点发生多方位、多层次的联结,寻找新的合作伙伴,开辟新的市场,拓展区域创新空间,以获取远距离的知识和互补性资源,完成集群外部的合理链合。这样,集群在对"两种资源、两个市场"的优化配置过程中,呈现出组织开放性的特征。

(五)知识外溢与集群协同机制探索

Marshall 强调知识外溢是集聚的原动力。Lucas(1988)认为,空间中接近的经济主体间发生的相互作用和相互学习是新增长模型中溢出效应的重要来源。Nadvi(1999)认为马歇尔的外部经济理论对于解释集群发展并不充分,集体效益是通过网络协同而得到的,而网络是深深根植于具体的社会环境的。Andersen E S(1990)提出技术"知识树"的概念,在各环节进行创新就形成了结构性创新和程序性创新相结合的范式。Berliant M,Reed R 和 Wang P(2006)认为知识交换是集聚活动的结果,各部门拥有不同类型的知识,为了促进生产效率,需要寻找观点和创意交换的伙伴以增加新知识。知识外溢存在空间外溢和关系外溢两种机制,Capellor 和 Faggian A(2005)认为关系资本体现了地方主体之间由于强烈的归属感和紧密的文化临近性导致的互动能力,是地方集体学习的基础。Anderson G(2013)将集群内联系分为三类:第一,买卖关系,是投入和分配之间的垂直互动关系;第二,竞争与合作关系,决定创新的程度;第三,资源共享关系,是协同的主要来源。Britto J(2011)分析了集群企业间合作的网络形式———传统网络、技术结构网络、复杂技术网络和基于技术的网络。Breschis 和 Lissonif(2004)对空间外溢与知识编程关系进行了讨论,认为外溢的知识虽然是公共产品,但依然是地方产品。Brigittep(2005)强调知识外溢的虚拟维度,认为虚拟联系强化了与远距离地方建立这种联系的可能性,企业越来越趋向于创新中的虚拟合作技巧。假定合作企业是异质的,具有互补的知识和能力的前提下,一些学者对知识外溢的有效性进行了探索。Luciac C(2000)认为在企业合作中,技术外部性导致的知识溢出是有成本的,企业对知识溢出的利用取决于自身的吸收能力,而吸收能力与企业自身的知识存量和研发的投入呈正相关。Breschi S 与 Lissoni F(2004)认为知识不是在产业区内自由流动,而是仅仅在少数认知社区内围绕着单个机器生产者的技术工程师流通,仅仅在有选择的供应商和客户之间扩散。集群可以看做是在某一地域由与某一产业部门相关的企业围绕着由商品和服务流连接的诸多产业而形成的产业地域系统,通过集体效率塑造出竞争力,这是因为产业协同带来的集体效率。知识专业化与协同问题将是未来集群经济研究方向的前沿领域。目前对于集群内专业化的知识生产的研究较为薄弱,对产业之间的协同条件、协同方式与途径、协同原则以及协同的影响因素都缺乏深入的研究。例如,有关集群内部主导产业的专业化生产过程和辅助部门之间关系的研究,集群内产业内部的劳动分工与世界某一核心需要之间的联系的研究,为了实现专业化分工和国际市场的接轨如何构建地方市场网络的研究,为确保集群的生产过程顺利进行的地方社会正式与非正式机构的研究,知识密集型产业在产业集群中的作用研究,以及产业集群面临产业结构的升级问题研究等①。

(六)集群内部知识资源形成互补效应

在资源主导的产业发展阶段,产业的优势是由所处区位、生产活动所需资源,以及运输成本决定的。在资金主导的发展阶段,企业的市场优势区位是由土地和劳动力价格决定的。在知识主导的发展阶段,企业的市场优势是创造型人才和产业组织的创新机制决定的。随着知识更新速度的不断加快,任何一个企业变革的步伐,创新对企业外部的依赖性越来越强,特别是大量缺乏正式研发职能的中小企业,外部知识资源是其创新的主要源泉,成功的创新取决于企业与各种机构之间的合作。随着创新中复杂性、成本以及风险的不断增加,除了传统的市场调节的联系(如设备采购、技术许可)外提高企业间网络化和合作的价值,以减少可能的风险和交易成本,激励企业间的大多数伙伴使用互补性的知识和技能。从 20 世纪 90 年代以来,技术研究与开发全球化合作趋势加强,产学研合作的形式越来越多,技术联盟的数量也越来越多。企业通过与其他企业、知识生产机构和财团等建立技术联盟合资公司等形式,获得

---

① 张林:《国外产业集群研究新趋势——基于知识生产与管理角度》,《淮海工学院学报》2007 年第 6 期。

了新的补充知识并加快了学习进程,促进了创新,提高了竞争力。

总之,产业集群在中小企业发展中具有其他方式不能替代的优势。产业集群的发展必定能够为我国经济的发展产生不可估量的作用。产业集群是在有限地域的特定产业或产品生产中(通常以一个主导产业为核心),大量企业及其相关支撑机构(包括供应商、生产商、顾客、地方政府、中介组织、知识生产机构等),依靠比较稳定的分工协作和纵横交错的网络关系形成有利于产业组织协调的空间集聚体,它代表着介于市场和等级制之间的一种新的空间经济组织形式。产业集群逐步演变成为一种世界性的经济现象,是现代产业发展的重要特征。产业集群所具有的集聚发展的规模效益和群体竞争优势是其他形式无法与之比拟的。创新是产业集群的未来,创新是产业集群升级的动力,产业集群在创新中前行。创新是产业集群竞争力的一个重要来源,产业集群的创新能力始终是支撑产业集群持续发展的决定力量。产业集群为创新提供了新的范式和可能,它改变了单一企业创新的线性模式,成为网状结构,更利于创新。

第二节　新制度经济学理论

新制度经济学产生于30年代,以科斯在1937年发表的《企业的性质》这一经典论文为标志。而作者本人也以对新制度经济学的开创性思考,以及后来更为系统的研究成为了这一学科创始人。但当时主流学派的理论弊端尚未彻底暴露,因此科斯等学者的开创性研究并得到应有重视。二三十年代的经济危机,使凯恩斯主义的宏观经济干预理论得到了主流经济学家的认可,二战后的美国和欧洲一直保持着的经济高速增长,使人们完全有理由相信,建立在抽象数学工具基础上的主流经济学不衰的生命力。但70年代新出现的滞胀,政府赤字等经济问题似乎更加严重,并完全超出了主流经济学的解释力。而以科斯、诺斯为代表的学者们,则将制度作为一个内生变量引入到经济增长的模型中,为70年代处于困惑之中的主流经济学带来了新的活力。并因其解释的经济问题最多,理论最具有说服力而开始逐步为人们所接受,并终于在80年代后期形成了一个崭新的经济学流派——新制度经济学。该学派的主要代表人物有科斯(R.Coase),其主要成果除了开山之作《企业的性质》外,在1960

年发表的另一篇重要论文《社会成本问题》也是新制度经济学理论中的经典之作；威廉姆森（Oliver E.Williamson）其主要著作有：1975 年出版的《市场与等级制：分析反拖拉斯的含义》（Markets and Hierarchies：Analysis Antitrust lmphications，1975）和 1981 年发表的《当代出司：起源、演变、特征》（The Modern Corporation：Origins，Evolution，Attributes，1981），以及 1985 年出版的《资本主义经济制度》（The Economic Institution of Captalism，1985）；诺斯（D.North），其代表作为《经济史中的结构与变迁》（Structure and Changing Economic History，1981）；以及阿尔奇安（A.Alchian）、德姆塞茨（H.Demsetz）、和张五常（Cheung）等人。其中，科斯和诺斯二人因对经济学的这一开创性贡献分别荣获了 1991 年度和 1993 年度的诺贝尔奖。

一、新制度经济学的基本概念、研究思路和分析方法

新制度经济学的"新"，主要是用来与 20 世纪初开始发展起来的制度经济学派加以区别，表示它代表的是一套在基本概念、分析方法及研究思路方面有别于制度经济学的理论体系。术语"新制度经济学"最初由奥立弗·威廉姆森（1975）总结提出。苏比克（1975），斯考特（1981），科斯（1984）和艾格特森（1990）等学者都曾对新制度经济学的定义加以区分，认为新制度经济学是以最优化模型为基础的"新古典"制度经济学。而非"新兴"制度经济学。因此相对比而言的"旧"制度经济学也并不意味着该理论体系没有生命力、垂死或过时。它们分别是两种理论体系。

（一）新制度经济学理论中的基本概念

首先，对于"制度"这一概念，新制度经济学有着与制度学派不同的定义。制度学派的创始人凡勃伦认为"制度实质上就是个人或社会对有关的某些关系或某些作用的一般思想习惯"。他认为是本能确立了人类行为的最终目的，推动着人类为达到这种目的而做出努力。个人和社会的行动都是受本能支配和指导的，这些行动逐渐形成思想和习惯，进而形成制度，制度产生后，对人类活动发生约束，制度随环境的变化而变化，变化了的环境要求人们在思想习惯上有所改变。因此，可以看出人的行为的改变是一种适应环境的淘汰过程。而新制度经济学的代表人物科斯是从产权交易规则或产权结构的角度提出的制度概念，他认为，制度是指一系列关于产权安排、调整的规则。诺思更

明确地指出"制度是一系列被制定出来的规则、守法程序和行为的道德伦理规范,它旨在约束追求主体福利或效用最大化利益的个人行为"诺思的这一概念一方面表明制度的实质是规则、程序与道德规范,而且表明了新制度经济学所使用的研究方法:即边际效用(marginal utility)和最大化(optimum)方法。①

被新制度经济学者们广泛认可的关于"制度"的概念,是 T.W.舒尔茨在其《制度与人的经济价值的不断提高》一文提出的,制度是"管束人们行为的一系列规则",这些规则涉及社会、政治及经济行为。例如,市场经济制度本身就是一种规则,是一种用来配置资源的规则,除此之外,它还包括宪法中所规定的政治权力的配置与使用规则,甚至还包括管束结婚与离婚的规则等等。舒尔茨还在其《制度与人的经济价值的不断提高》(该文曾获得《美国农业经济学杂志》授予的杰出论文奖)一文中对制度的外延作了经典的分类:(1)用于降低交易费用的制度,如货币、期货市场等;(2)用于影响生产要素的所有者之间配置风险的制度,如合约、分成制、合作社、公司、保险、公共社会安全计划等;(3)用于提供职能组织与个人收入流之间的联系的制度,如财产,包括遗产法,资历和劳动者的其他权利等;(4)用于确立公共品和服务的生产与分配的框架的制度,如高速公路、飞机场、学校和农业试验站等。②

因此我们可以这样认为,制度就是人类设计的用来构建人类相互作用的约束规则。它包括正式约束(如规则、法律、宪法等),非正式约束(如行为准则、习惯、自行强制的操作规则等),以及正式约束和非正式约束的实施手段。

(二)新制度经济学的研究思路

新制度经济学认为,古典经济学中关于理性人、信息完全的完全竞争市场的假设不仅在现实中是不存在的,而且对于理论分析的展开也并非是必要的。因此,可以这样来理解,新制度经济学事实上是在放宽了主流经济学严格假设的基础的上而进行的经济理论研究,是对主流经济理论的丰富以及试图对主流经济在更为现实的假设基础上进行较为彻底的重新诠释。

首先,新制度经济学认为,人是有限理性的。所谓有限理性是指经济人并

---

① 贾晓薇、宋春艳、周晓梅:《新制度经济学的基本理论述评》,《扬州大学税务学院学报》1999 年第 1 期。

② 卢现祥:《西方新制度经济学》,中国发展出版社 1996 年版。

非全能全知,若经济人具有无限理性,则交易双方就可以做一场无所不包的谈判,订立完美的协约,制定完整的计划。按照这种完全理性假定,经济人"总是用敏锐的眼光,对面前的一切都深思熟虑。他不仅明白自己当时面临的选择范围,而且对未来的选择余地也了如指掌"(刘世锦,1994)。但这种完全理性只能存在于理论抽象之中,实际生活中信息是不完全的,充满了不确定性,另外更由于人本身的生理条件所限,完全理性是不可能实现的。经济学家西蒙等人曾经对新古典经济学关于经济人的完全理性假定提出过尖刻的指责:"这个奥林匹亚山神般的理性模型从来未曾、也根本不可能用于实际——无论是否用最大型的计算机。"因此,正如诺斯(2002)所说的那样:"我们实际上只能拥有不完全信息,而且处理信息的能力有限。"在行为动机中,人一方面追求财富最大化或效用利益最大化;另一方面则常常会牺牲一些利益去实现诸如名誉、信仰、利他主义等社会价值目标。并且这两方面之间存在相互替代的关系。

新制度经济学在这方面的开创性研究对于本文所研究的专题具有重要的意义,它有力地解释了在不同的资源配置体系下,人们的行为动机不同。就职业生涯规划而言,在不同的制度背景下,个人进行职业生涯规划的行为动机也并不相同的。

另一方面,新制度经济学认为,人是机会主义的,机会主义是新制度经济学家威廉姆森提出的,这种机会主义是指经济人所具有策略性行为,交易双方都可能会以狡猾的伎俩来追求自身的利益从而造成毁约。在现实的经济社会中,从事经济活动的人总会面临不完全信息的困扰,在这样具有信息约束的条件下,即使是理性人,做出的决策也不可能是最优的。因此,受各种动机支配的人就不可能像新古典经济学所描述的那样处于一个无摩擦的世界。不完全信息的客观存在使具有机会主义者本质的人在合作世界中,时常会采取"搭便车"、投机取巧等行为,从而妨碍协作的进行。威廉姆森认为:"人在追求自身利益时会采用非常微妙和隐蔽的手段,会耍弄狡黠的伎俩"(威廉姆森,1987),如撒谎、欺骗、偷盗和毁约等。这主要包括两层含义:(1)由于现实世界中常常存在着信息不对称,经济人就倾向于对信息加以有目的、有策略地利用,根据个人目的筛选对自己有利的信息,扭曲对自己不利的信息,比如撒谎、欺骗等行为;(2)由于契约的不完备性,则经济人一旦发现有机可乘,就会不遵守或者违背关于未来行为的许诺,比如毁约等行为。如果经济人是完全理性的话,他可以洞察一切可能发生的他人的机会主义行为,但正是修正的经济人假设认为人是有限理性的,他不可能获得所有必要的信息,即使获得了这些信息也不可能做出正确的判断。所以,机会主义行为在现实生活中时有发生。

最后,在有限理性和不完全信息假设的基础上,新制度经济学者很自然地提出了交易成本这一在正统经济学中并不存在的概念,并围绕着这一概念展开了新制度经济学的研究,最终形成了一套较为完备的理论体系。

随着社会分工和专业化的不断扩大,带来生产力的持续增长,但这一切都有一个前提,那就是生产力的实现——交易活动的顺利进行。因为理性人和完全信息假设,这方面的问题在古典经济学中是完全可以忽略的,因为交易是可以自发高效完成的,没有成本的。但新制度经济学对这一假设做了修正之后,交易的成本问题就无法回避,从而交易成本(交易费用)成为新制度经济学中特有的同时也是核心的关键词。交易费用包括度量、界定和保证产权的费用,发现交易对象和交易价格、讨价还价订立交易合同的费用,执行交易与监督违约行为及维护交易秩序的费用等等,新制度经济学者将这些费用称之为制度运行费用的总和。并用交易费用阐述了以企业为代表组织的性质,进而提出并发展了产权制度、制度变迁等理论,并通过对经济史的考察,试图确立制度对于生产力和经济增长的内生作用。因此,对于新制度经济学的研究思路,我们可以做这样的总结:新制度经济学从现实的人和现实的组织出发,把现实世界中远不为零的交易费用与转换费用纳入,并建立起了制度、交易成本与新古典理论间至关重要的联系。

(三)新制度经济学的分析方法

方法论研究是探究一个学派思想的重要依据。“新制度经济学”(The New Institutional Economics)简单地说就是利用正统经济理论去分析制度的构成和运行,并去发现这些制度在经济体系运行中的地位和作用。因此,正如埃菲吕博顿和瑞切特在他们合著的《新制度经济学》一书中指出,“与早期的历史描述性的制度主义者不同,新制度主义者与演绎理论间没有根本冲突。虽然这些新制度主义者的著作在风格和内容上多种多样,但是他们中的大部分人仍接受正统的边际主义理论并尊重其有用性。边际主义并没有被抛弃,但是现在强调的重点是通过研究先前被忽视了的经济体系的特征来扩大标准微观经济理论的适用范围"。①

　　首先,新制度经济学是演绎理论。弗里德曼(1953)指出,经济学研究的目的在于分析一组或几组变量,建立它们之间的因果关系或函数关系,即发展一门理论或给出一个假说,这个理论或假说能对尚未观察到的现实提出可以证实的、有意义的预测。经典文献和目前仍源源不断地被"制造"出的模型大多基于这种演绎的方法论。诺斯明确指出(1981),他的理论和历史分析将提供一个系统考察和检验新假设的基础,根据这些新的假设去寻找新的证据,当然,其结果可能修正甚至推翻原来的假设,但这一切均是为了使认识不断深化。例如,诺斯利用产权理论和交易费用理论建立的新经济史理论,是对新制度经济学基本理论的一次大规模检验。

　　其次,新制度经济学研究的出发点是个人的最大化决策。直接源于斯密、马歇尔的个人方法论,贯穿了古典政治经济学和新古典经济学,新制度经济学继承了这一分析范式。个人主义方法论具有这样一些特征:(1)强调个体的独立存在意义和利益特征,承认利己主义价值观。(2)相对于集体主义,主张通过个人之间的安排来解决问题,尤其是当个体和集体的利益不吻合时。(3)相对于制度主义,其思想方法是制度(外部因素)对个体影响的范围有限,个体面对外部约束条件(例如制度)会做出反应。例如,在新制度经济学中的产权理论中,产权制度即是个人行为的刺激和反刺激的集合(德姆塞茨,1967),个人的效用福利分析是研究的落脚点;组织的产生是因为个人的利益不能得到良好体现和自由运转(总产出无法反映单个人的贡献)时,需要通过机制设计来解决这个问题。监督者之所以被赋予剩余索取权,是出于维持最大化的边际产出的需要。每个人在适当的激励或监督下尽职尽责,并获得相应报酬,个人的利益动机就会保障集体利益的实现。再比如,制度变迁理论的核心思想是个人或团体在制度的稳定和变迁中如何实现个人效用最大化。

　　最后,新制度经济学强调以自由为基础的市场制度。科斯在其经典论文《社会成本问题》中明确指出,当事人之间的自由协议可以保证资源配置的最优。国家干预有时是无效也是不必要的。虽然交易费用为正,但在成本—收

---

　　① 　[美]埃瑞克·G.菲吕博顿、鲁道夫·瑞切特:《新制度经济学》,孙经纬译,上海财经大学出版社1998年版,第139—143、197页。

益分析基础上进行产权的自愿交换同样可以达到最佳配置效率。在德姆塞茨"征兵制"(1967)的范例中,国家强制征兵(禁止谈判)造成了典型的外部性,将这种外部性内在化的唯一途径是允许纳税人和被征入伍者自由谈判,通过他们的有效组合达到资源配置的最优。另外,制度变迁和公共选择理论认为国家也是市场的一部分。制度变迁的主体如果是国家,那么这个国家只是制度供给的载体,当制度供给和制度需求不吻合时,就存在着制度变迁的可能性,而制度变迁是否会最终出现则取决于潜在利润的可获性。公共选择理论认为国家实质是某个利益集团的化身,首先面临政敌的市场竞争,其次以广义的市场收益作为"一致的计算"的准则。因此,新制度经济学将企业、市场和国家的对立也消解了,国家作为市场的一部分,也要根据自身的偏好在约束条件下谋求效用的最大化。因此,新制度经济学认为在市场经济中,平等的代名词就是自由竞争、没有特权,从而将国家内化于市场。①

二、新制度经济学的基本理论借鉴

新制度主义是一个广泛的知识领域,其准确边界很难准确界定,而且,国内很多学者对于新制度经济学的某些理论及研究方法仍持有商榷态度,但它秉承西方市场经济学中对于作为个体的人的关注,这对于我们正在进行的日益重视以人为本的市场化改革进程,以及对于改革中出现的种种困惑的解释,具有极为重要理论借鉴意义。例如,在市场经济当中,需要有相应规则来约束人们追求财富最大化时出现某种极端个人行为,如损人利己,以邻为壑,偷工减料,哄骗欺诈以及"搭便车"等等,使人们追求财富最大化的行为保持在不损害他人利益的范围内。但同时,极端的集体行为,如平均主义、极端公平而导致的另一种不公平,即效率不公平,也就是我们常说的多劳不多得等问题的解决,也需要进行某种制度变革和创新,确立相应的规则来进行产权激励,使人们追求非财富最大化的行为保持在不损失经济效率的范围内,这些问题实际上都是新制度经济学研究中比较成熟的理论。以下是对部分新制度经济学理论的借鉴。

---

① 杨燕青、胡佳:《新制度经济学的假设论与方法论》,《当代财经》1998年第2期。

(一)交易成本与组织理论

第一,交易成本与制度。社会分工一方面提高了生产力,另一方面增加了交换活动,彼此高度正相关。当专业化和分工处于原始状态时,简单交易形式就可以实现交换的目的,卖和买几乎同时发生,每项交易的参加者很少,当事人之间拥有对方的完全信息,因而不需要通过建立一套制度来约束人们的交易行为,就可达到合作状态。然而,随着专业化和分工的发展,交换的增加,市场规模的扩大,交换形式随之更迭,这使交易演化得极其复杂。交易的参与者很多,信息不完全或不对称,欺诈、违约和偷窃等行为不可避免。这样个人收益与社会收益就会发生背离,如果个人收益与其投入不相对称,个人便失去了从事生产性活动的动力,社会效率也达不到最优。这就像"囚犯困境"中描述的那样,个人的最优对策是不合作,但却不是社会的最优解——合作。因此,每提高一个单位的专业化水平,一方面会引起的生产费用的减少,另一方面会相应增加交易费用。而此时,制度便应运而生。制度的作用在于,规制人们之间的相互关系,减少信息成本和不确定性,把阻碍合作得以进行的因素减少到最低程度。而正如 N·斯科菲尔旗指出:"合作的基本理论问题就是,个人用什么方法获得其他人的偏好和可能行为的知识。既然大家都需要了解各自的偏好及战略,合作的问题就变成了提供共同知识的问题。也就是说,在给定的环境下,一个当事人必须最少了解到有关当事人的信息和需求,以便能够形成一致的行为,并且这种共识可以传递给其他人。"共识"是合作得以进行的基本条件,而为合作提供"共识"就是制度的基本功能。它告诉人们在什么条件下能做什么,以及违约所要付出的代价这类共识,这就是人们设计的一系列规则。

第二,交易成本与组织。新制度经济学认为总交易费用最低的交易形式是最有效率的,而各种组织形式的出现也毫无例外地出于节省交易成本的目的。

新古典经济学的厂商理论主要是从技术因素、规模经济效益及垄断动机等角度来阐释企业生成原因的,但这一理论却解释不了这样一个矛盾:既然新古典经济学认为自由价格制度具有充分的协调功能,那么处于分工状态的各经济主体可以各自独立地进行生产,再通过市场交易来实现分工带来的额外收益,但为什么生产者要聚集在一个企业内呢? 并且随着产业的纵向和横向一体化,企业管理日益取代了更多的市场交易形式。显然,分工只是企业生产的必要条件而并非充分条件。

制度的本源目的是节省交易成本。交易成本是运用价格机制的成本,科斯认为它包含以下内容:(1)了解市场价格的信息费用;(2)谈判、签约所需的费用;(3)履行交易协约所需的费用。市场作为一种制度,其产生事实上也是为了节省交易费用。然而,如果每个生产要素的所有者都用自己的资本去生产产品或劳务,再参与市场交易,将会使总的交易费用非常高,以致使得分工和专业化无利可图;而如果通过把各生产要素的所有者组成一个组织(企业),并允许某个权威(企业家)来支配生产过程,就可以以内部化市场的形式减少市场交易数量,从而节约市场交易成本,使源自分工和专业化的额外利益得以实现。但由于企业组织的运转也是需要成本的(即企业管理费用),因此,企业规模也不可能无限扩大,完全取代市场的协调功能。由此可见,一个有效率的经济体系,不仅需要有市场交易,而且还要有适度规模的企业内部协调。企业规模适度的条件是企业管理的边际成本等于市场交易的边际费用。

那么交易成本的大小又是由什么决定的呢?威廉姆森认为,这主要取决于资产的专用性。所谓资产专用性是指某些投资一旦形成某种待定的资产后,就难以转向其他用途,即使能实现重新配置也将受到重大损失;与之相对的是资产通用性,具有通用性的资产可转移性强,投资风险较小。一般说来,资产专用性愈强,市场交易费用愈大,愈需要确立某种组织结构或保险机制来维持并约束交易的连续性,以减少毁约而带来的损失。除此外,影响交易费用大小的环境特征还包括交易对象的数目、交易的频率等等。

新制度经济学认为,交易费用的大小决定着以什么样的形式进行交易。市场与科层是两种最基本的交易形式,其中科层组织又可细分为企业与政府计划两种形式,此外还有大量企业、政府与市场之外的中间性组织形式,因此交易形式可共分为四类:(1)市场体制,它相当于传统理论中的完全竞争市场,但其交易需花费成本;(2)中间性体制,在这种体制中,交易双方地位保持独立,交易关系借助于某种保障机制得以维系,如交易双方组成的双方规制结构或引入仲裁者后形成的三方规制结构等,因而具有一定的稳定性,但其稳定程度低于企业的内部交易形式;(3)企业体制,即交易按等级关系在企业内部完成,这种交易没有市场交易费用,但存在管理费用这种非市场交易成本;

（4）政府体制，是比企业具有更强等级性的交易组织形式，其交易完全借助于计划手段实施，其交易费用表现为计划所需的巨额信息成本等，也不存在市场交易费用。

在给出了决定市场交易费用大小的因素、可供选择的交易组织形式及其交易费用特征后，就可根据交易费用最少的交易形式最有效率这一原则，对不同交易环境特征匹配以不同的交易形式：（1）当资产专用性很弱时，因所需市场交易费用低，市场是最有效的交易形式；（2）对具有中等程度的资产专用性、交易频率及交易者数目中等的交易，若采取市场形式，会造成毁约的可能，从而引起额外交易费用，若采取企业形式，又会产生不必要的管理费用，因此适于采用中间性体制；（3）对具有高强度的资产专用性、交易频率很高、交易者数目较少的交易，适于采取企业体制，虽然需花费管理成本，但可以节约过高的市场交易费用；（4）对具有最高强度的资产专用性、交易者数口极少以致形成自然垄断、而交易频率又很高的交易，适于采取计划体制或一体化体制，由政府直接经营或实施经营管制，以节约不必要的市场交易费用。①

特别要提出的是，新制度经济学中有关资产专用性会带来更高的交易成本的论述，对于本文的研究课题具有极为重要的理论价值。我们完全有可能论证奥运冠军人力资本具有很强的资本专用性，从事专门的奥运竞技的人力资本投资的可转换性极小，从而带来高昂的投资风险，因此，十分有必要，对我国现行的举国奥运体制进行讨论。另外，由于较强的资本专用性，在奥运冠军的职业生涯规划中，奥运冠军的退役后的职业的重新选择会使交易费用异常高昂，而且无法达到专用人力资本的充分利用。在这方面，新制度经济学给我们的启示是，高强度的资产专用性需要确立某种组织结构或保险机制来维持并约束交易的连续性。因此，我们的思路可以这样延伸：一方面，降低奥运冠军人力资本的资产专用性；另一方面，多样化竞技体育娱乐产品，并以此为依托成立诸如体育俱乐部这样的企业组织，从而维持在体育生涯范围内交易活动的持续性；当然，还可以考虑与高度资产专用性且职业生涯较短相适应的人力资本的社会保障机制。

---

① 　叶远胜、王良圣：《新制度经济学理论初探》，《中央财政金融学院学报》1995 年第 3 期。

（二）产权理论

前面提及的新制度经济学理论告诉我们,制度存在的根本意义在于降低交易成本,但如何降低交易成本,这是产权理论试图回答的问题。科斯认为,当交易成本不为零,则立法直接影响经济行为,此时可以通过改变立法确定产权结构从而达到降低交易成本的目的,提高市场效率。

产权理论是新制度经济学的核心理论之一,甚至一些新制度经济学家认产权问题实际上应该是整个经济学研究的核心问题,例如阿尔钦指出,"本质上,经济学是对稀缺资源的产权安排的研究,一个社会中的稀缺资源的配置就是对使用资源权利的安排","经济学的问题,或价格如何决定的问题,实质上是产权应如何界定与交换以及应采取怎样的形式的问题"。产权理论的主要内容是研究产权对经济运行及资源配置的影响。国内学者叶远胜和王良圣在他们所撰写的《新制度经济学理论初探》一文中,将产权理论归纳为以下三个方面的内容:(1)产权对资源配置的影响;(2)产权的效率与合理的产权结构;(3)企业产权理论与委托—代理理论。其中前两个方面的产权理论对于本文具有重要的借鉴意义,因此重点加以引述:

第一,产权对资源配置的影响。

产权理论起因于科斯对外部性问题的重新研究。外部性概念是新制度经济学经常提到的一个重要概念。关于外部性较权威的定义有:(1)当一个行为个体的行动不是通过影响价格而影响到另一个行为个体的环境时,被称为存在着"外部性";(2)外部经济(或不经济)是这样一种事件,它将可察觉的利益(或可察觉的损失)加于某个或某些人,而这个(些)人并没有完全赞同直接或间接导致该事件的决策;(3)当某个人的行动所引起的个人成本不等于社会成本,个人收益不等于社会收益时,就存在外部性。这是诺思关于外部性的定义。[①]

在新古典经济学理论中,庇古最早提出了外部性问题并给出了其解决方法,他认为当出现负外部性问题时,生产者会侵害别人或公众(即负外部性的消费者)的权益,市场机制因此失效,因而需采取国家的干预措施。

新制度经济学主要是从成本——收益的角度来讨论外部性的。科斯通过

---

① 卢现祥:《西方新制度经济学》,中国发展出版社 1996 年版,第 75—81 页。

引入产权概念,论证了在交易费用为零的前提下(这正是传统理论的假定前提之一),市场机制仍是有效的。因为只要产权的界定是明确的,不管是界定给负外部性的生产者还是消费者,双方会在市场机制的作用下,对产权进行交易或重新调整,使得使用这一权利能带来较大收益的一方获得这一权利的使用权,最终将达到资源优化配置(社会产出最大)的结果。但零交易费用是不现实的,在交易费用大于零时,不同产权的初始界定将会带来不同效率的资源配置,产权初始界定的状况会对资源配置的最终结果发生至关重要的影响,这就是科斯第二定理。

科斯在其著名论文《社会成本问题》这样提出外部性问题:如果一个工厂"有污染权",且污染所引起的成本是由被污染者的存在造成的,则工厂不必为污染承担成本,如果"无权"污染,就必须为污染付费,因而污染就是它的"个人成本"。但"有权"或"无权"尚未确定时,成本或收益就无从谈起。因此,只有在排他性产权制度建立后,成本——收益之类的经济计算才有了真实的意义。事实上许多负外部性的产生都与产权界定不清有关。因为没有产权界定,就没有办法进行市场经济当中的收益——成本比较,最大化实现的最优路径也就无法实现,从而也无法以市场为基础,进行最优的资源配置。

当然,产权的界定也是需要成本的。有时,虽然有明确的私有产权和市场机制,但并不一定达到资源的优化配置,只有所需交易成本与制度收益比最小的产权界定才能导致资源优化配置,这就是产权界定的最理想状态,因此必须根据不同的条件来实施不同的产权制度安排,这一思想正是科斯产权理论的精髓所在。

第二,合理的产权结构与产权的效率。

在正交易费用前提下,产权的界定和交易都必须花费一定成本,并不是随意的,而且对某一特定产权而言,产权界定费用与产权交易所需费用存在一个此消彼长的关系,即产权界定费用高,意味着产权更明晰,产权交易所需费用则低,反之则高。因此必须进行成本收益分析,根据产权界定与交易所需费用最小化的原则来进行最佳产权安排。将产权的各项权利界定给不同的行为主体,就可形成私有产权、共有产权和国有产权三种基本形式。对所需费用较小的产权,适于采取私有产权形式,此时,外部性可能被完全地内在化,市场机制能充分发挥其作用,对有些因经济货币化程度、产权监督的技术水平等因素而导致产权难以界定，或者即使能够界定但所花费成本过高产权，则适于采取共有产权和国有产权形式。

各种产权形式的效率主要取决于它为其所支配下的经济主体提供的将外部性较大地内在化的激励程度。外部性内在化即是尽可能地使个人成本等于社会成本，个人收益率等于社会收益率。假设某人从事某一经济活动的收益率应该为10%，但因种种原因他只得到了8%，另外的2%就转变成社会收益率①。所谓个人收益率接近计会收益率，实质上是使经济主体所付出的成本与所得的收益真正挂上钩，防止别人"搭便车"或不劳而获。而有效的所有权制度是使个人收益率不断接近社会收益率的基本条件。有效的所有权体系应该使个人收益率不断接近社会收益率。一个社会的所有权体系如果明确规定每个人的专有权，并为这种专有权提供有效保护，并通过降低对努力工作，积极创新带来额外"利益"可能性无把握的程度，就可以促使社会每个成员的活动得到最大的个人收益，使每个人都有做得更好的激励。

那么，产权的界定是不是一夜之间就可以完成呢？现实中，并不存在一种能够适应所有经济活动领域的产权制度。在人类社会经济发展过程中，个人收益率不断接近社会收益率的过程也就是一个制度创新的过程。人类文明史，在某种程度上讲就是一个制度不断完善的历史。严格地讲并不是人改变了，而是他们的制度环境改变了。在人类历史上，人的体力与智力的改进是缓慢的，现代人比其先辈生产率高的奥秘就在于我们现在的制度环境要比他们那时的制度环境好得多。在一种制度环境下人们之所以努力工作、不断创新，是因为其个人收益率接近社会收益率（用我们经常讲的一句话概括就是"多劳多得"）。但是，所有权制度的完善是需要时间的，而且所有权相关的制度创新的实现也是一个需要时间和费用的过程。如保密、报酬、奖金、版权、商标权、专利权等制度在不同时代被"发明"出来。但使局外人不得受益的技术直到今天仍一直是代价很高和不完善的。因此，从这个意义上讲，人类社会直到现在还很难达到使个人收益率等于社会收益率的状态。而能促使个人不断努力、不断创新的制度就是最好的制度。因为它能给这个组织里的人提供一种

---

① 在这里8%的个人收益率+2%被别人得到的收益率=10%的社会收益率。

持续的激励。①

（三）制度起源及变迁

新制度经济学既然从交易费用引出了产权及制度的研究，就不可避免地需要对制度的起源、演进的态势和内在动因加以阐释，这是理论发展及完整性的必然要求。

第一，制度的起源。制度是一系列正式约束和非正式约束组成的规则网络，它约束着人们的行为，减少专业化和分工发展带来的交易费用的增加，解决人类所面临的合作问题，创造有效组织运行的条件②。制度的这一概念的表述包含着两方面的含义：一方面，制度的存在的本源是为了节约交易成本，这也是上面两节内容的核心思想；另一方面，制度的另一要义是促进合作，为实现合作创造条件，保证合作的顺利进行。

以往的经济理论都把制度看成是资源配置的外生变量，从而只能说明竞争，而不能说明合作带来的效率。但现代经济学的分析表明通过合作方式解决争端所达成的效率往往才是最大的。对于合作的最大效率问题的研究，要归功于现代经济学者在博弈论方面的辉煌成就。1994 年诺贝尔经济学奖授给了三位博弈论专家：纳什（Nask）、泽尔藤（Selten）和海萨尼（Harsani）。他们的卓有成效的开创性工作将经济学的研究视角扩展到人与人的关系研究，特别是人与人之间行为的相互影响和作用。经济学开始注意到理性人的个人理性行为可能导致集体非理性。传统经济学解决这个问题的主张是通过政府干预。而新制度经济学学者则认为，解决个人理性与集体理性之间冲突的办法，不是否认个人理性，而是设计一种机制（或进行相应的制度安排），在满足个人理性的前提下达到集体理性。个人理性与集体理性的冲突是制度起源（或制度安排）的重要原因。社会经济生活中，人与人之间的关系并不仅仅只有竞争，而且还有合作。传统经济学过分强调了对竞争的研究，而忽视了对合作的研究。撇开其他条件，竞争与合作是一对矛盾。因为人的有限理性与信息不对称等方面的原因，人自身不可能处理好竞争与合作的关系，而制度安排能有效地解决合作问题。在上一节提到的产权制度的根本要义也在于此。使

---

① 卢现祥：《西方新制度经济学》，中国发展出版社 1996 年版，第 144—147 页。

② 叶远胜、王良圣：《新制度经济学理论初探》，《中央财政金融学院学报》1995 年第 3 期。

博弈双方通过合作使个人效率最大化与社会效率最大化趋同。

第二,制度需求与供给。制度变迁主体可以是组织、个人或国家。制度需求是指,按照现有的制度安排无法获得潜在利益(或外在利润),从而产生的对能够实现潜在利益的需求。舒尔茨在其《制度与人的经济价值的不断提高》给出了制度需求来源的一个例子,人的经济价值的提高产生了对制度的新的需求,并论证了三个命题:(1)制度是对劳动力的市场价格提高的反应;(2)制度是对人力资本投资的报酬率提高的反应;(3)制度是对消费者可支配收入增加的反应。因此对于本文具有重要借鉴价值的是,相对产品和要素价格的变化,改变了人们之间的激励结构,同时也改变了人们讨价还价的能力。而讨价还价能力的变化导致了重新缔约的努力。因此产品和要素相对价格的改变是制度变迁的源泉。制度供给指制度决定者提供的能够实现潜在利润的新的制度(或制度安排)。西方发达国家的制度演变一般表现为自下而上的制度变迁。制度的重新安排是在单个行为主体为谋求在现存制度下得不到的利益(即外在利润)而产生制度变迁的需求所引发的。这与西方市场经济的传统与思维方式不无关系。但越来越多的新制度经济学家开始认识到,制度变化的供给是重要的,需求的变动趋势虽为必要条件,但不是了解变化路线的充分条件。政治经济分析的要素是决定性的,统治精英的政治经济成本和利益,是对制度变化的性质和范围作出解释的关键。对于一个有着长期集权且市场不发达的国家来讲,供给主导型的制度变迁将起主要作用。对于供给主导型的制度变迁,权力中心提供新的制度安排的能力和意愿是决定制度变迁的主导因素,而这种能力和意愿主要决定于一个社会的各既得利益集团的权力结构或力量的对比。

第三,制度的成本—收益分析与制度的均衡分析。制度的运转是通过各经济主体的具体操作而实现的,在正交易费用世界里,每种操作均需一定费用,这一费用之和便构成了制度成本。另一方面制度的实施也会带来一定的收益,它表现为因顺利合作而使生产成本下降,从而实现源自分工与专业化的潜在收益。通过比较制度的成本与收益就可以确定制度实施的效率状况,当实现一个同样的有效激励或同样的资源优化配置时,所需费用最低的制度(或制度安排)就是最有效率的制度(或制度安排)。而制度成本的大小则直接取决于制度与相应的技术及社会环境的匹配状况,若匹配合理,则费用就低,反之则高。这正是经济组织理论和产权理论所揭示的,必须选择合理的交易组织形式和合理的产权形式,以降低制度费用。若制度与相应的技术及社会环境达到了最佳匹配,这时制度费用最低,则人们对既定的制度结构或制度安排感到满意,无意也无力去改变现行制度,这就称之为制度均衡。反之,若两者未达到最佳匹配,制度效率不高,人们对既定制度不满意,这种意欲改变而尚未改变的状态,就称之为制度非均衡。

第四,制度变迁的原因及过程。所谓制度变迁指制度供给满足制度需求的过程,也就是一种新的有效率的制度(即目标模式)对原有的低效率制度(即起点模式)的替代,亦即制度由非均衡状态达到新的均衡状态的过程。戴维斯和诺斯认为,当特定的技术和社会环境发生变化时,如生产技术发展、市场规模扩大、价格上升等,由于规模经济的要求、厌恶风险或政治压力等因素的影响,致使原有的制度(或制度安排)未能发生相应的变化,制度与其环境的匹配不再是最优状态,此时便产生了新的潜在的收益,这一收益在原有的制度内不可能被内在化,若实现新的更有效率的制度就能获取这利润,这样在原有制度支配下的人中,总有部分人或组织为获取这一潜在利润而率先起来去克服各种困难,提供新的制度供给,实现新的制度均衡。当原有制度产生非均衡时,新的有效率的制度是否能立即实现,亦即潜在的制度供给能否变为现实的制度供给呢?这主要取决于制度变迁的净收益是否大于零。制度变迁净收益等于制度变迁收益与制度变迁成本之差。制度变迁收益等于新、旧制度收益之差。制度变迁成本包括以下几个方面:(1)制度变迁的规划、设计、组织实施费用;(2)消除旧制度的费用;(3)消除变革阻力的费用;(4)制度变迁造成的损失及其他一些随机成本。而影响这一变迁成本大小的因素有政治因素、经济因素及意识形态等。只有当制度变迁收益能够弥补制度变迁成本并有剩余时,潜在的制度供给才能变为现实的制度供给,并满足制度需求,达到制度的新的均衡状态。由此可见,制度变迁成本与新制度收益共同决定着制度变迁。

新制度经济学,为我们研究产业集群问题提供了极富解释力和实用性的分析工具。目前,我国正处于体制转轨时期,制度环境已经发生了巨大的变化,本书以新制度经济学的制度为研究视角,以制造业为实证分析样本,对我国目前产业集群形成的制度诱因、成长路径和实施机制等问题进行深入剖析,从制度上阐释当前产业集群中存在的路径依赖、创新锁定、发展瓶颈等困境与障碍,探索产业集群突破上述制度障碍、实现集群升级的具体模式与策略,从而进一步提升我国产业集群的核心竞争力,为产业集群的可持续发展提供具体、现实、可操作性的对策性建议。

第三章 产业集群升级的理论分析与经验借鉴

第一节 产业集群升级的基本理论

产业集群有着与其他组织形式相类似的发展方式,都会经历从萌芽、发展、成熟到衰落的这样一种过程。波特认为经过十年左右的发展,产业集群已经进入一个瓶颈阶段,发展受到多种因素的制约,只有升级集群层次,才能够使集群得到进一步的发展(Porter,2003)。然而获得产业集群升级的最好方式,就是使集群内产品升级、效率升级和生产环节升级同步实现。

一、产业集群的生命周期理论

产业集群是由众多的规模不同的企业及配套服务机构等微观经济主体所构成的,我们在研究产业集群的生命周期理论时,就不可避免的要对集群内企业、配套服务机构、产品或服务等因素的生命周期进行分析。因此,在分析产业集群的周期性时,我们主要研究两个方面:一是集群整体的周期演化过程;二是对集群内部各微观经济主体的考察,通过他们各自的产生、发展、衰亡的演化规律来研究集群的同步性现象。

从企业等微观经济主体角度看,其发展过程势必要表现为一些不同的发展阶段。奥地利经济学家蒂奇(Tichy G,1998)在研究佛农(Vernon)的产品生命周期理论后,发现产业集群也有与之类似的生命周期现象,并划分出四个阶段:诞生、成长、成熟、衰退或僵化。集群在不同阶段的竞争力是有区别的,呈现出由弱到强,达到峰值后再慢慢减弱的变化趋势。在集群的诞生阶段,新企业以及其他组织不断的迁入或建立,此时,由于市场和制度上的原因,企业发展速度很快,集群也会借以快速发展。但参与的企业数量较少,加之企业均忙于自己的经营生产而多处于半封闭式状态,彼此间为了争夺共有的原材料市场或产品市场,主观上不会发生过多的联系,无法形成完整的产业链,致使集群网络成本高昂,集群经济也就没有充分发挥出来;在集群的发展时期,越来越多的企业迁入或建立,使得集群规模不断扩大,为了规避经营风险和信息共享,企业之间的联系增多,产业链已初具规模,规模经济逐步显现,主导性产业的优势逐渐发挥出来,与之配套的辅助性、补充性产业的企业也开始加入其中;在成熟阶段,不同部门间已经形成稳定的组织结构,集群内部结构复杂而完善,企业间联系紧密而稳定,内部交易成本达到最低,形成了完整的产业链结构,产业集群在技术创新、市场需求及自身扩张的影响下发展成为一个高度动态有序的自组织创新系统,具备相当的竞争能力;在集群衰退阶段,数量众多的微观经济主体在多方面出现了规模不经济现象,企业的发展速度和经济效益都受到了影响。此时集群内企业也在多年的竞争中逐渐出现分化的现象,一部分企业逐步走入衰亡或迁出集群,另一部分企业发展壮大,逐步脱离了对集群的依赖,甚至使自身发展成为一个新的集群。这样就使原集群出现衰退的迹象,尽管集群内企业的衰亡或迁出并不意味着集群的衰亡,但发展成为集群内企业的普遍现象时,则对集群本身而言,衰亡则成了必然。

通过上面的阐述,可以看出集群内企业的迁入或迁出是评判集群发展阶段的重要方式。试想,一个具有活力和配套完善的产业集群势必会吸引众多的企业参与进来;反之,当产业集群出现规模不经济时,集群内部企业则会选择离开这个集群,寻找一个更为适合企业发展的新集群。对企业迁移规律的探索和研究,可以发现产业集群所处的发展阶段,可以最大限度地避免由于企业迁出所导致的集群衰落,进而使经济出现大幅震荡情况的出现。

从产业集群的宏观角度来看,其发展过程必然要经历不同的阶段。波特(Porter,1998)在研究产业集群周期性现象时,将产业集群的生命周期划分为三个阶段:诞生、发展和衰亡。他认为,集群的发展是一个动态的过程,由于受到内外部因素的影响,最终集群会逐渐失去竞争力。加罗弗利(Carofoli,2001)研究意大利产业集群的发展经验后将集群发展分为区域生产专业化阶段、地区生产系统化阶段和区域系统化阶段。他认为,在区域生产专业化阶段,企业只是集中于某一地区,这可能是由于该地区的特殊优势(如低成本的劳动力)造成的,各个企业争夺共同的市场,企业之间并没有过多的联系;到了地区生产系统化阶段,企业之间的联系增多了,同部门企业开始合作,不同部门也开始形成稳定的组织结构;而在区域系统化阶段,产业集群完全成熟,内部结构复杂而完善,集群内企业和组织联系紧密而稳定(Guerrieri & Pietrobelli,2001)。塞格列和迪尼(Giovana & Dini,1999)以南美洲发展中国家的实例,从企业家组织和推动项目实施的角度将中小企业网络化产业集群的发展划分为集群形成阶段、形成战略计划阶段、联合发展阶段、项目实施阶段和自主管理阶段的五个阶段。阿霍坎加斯等学者(Ahokangas,Hyry and Rasanen,1999)运用演化理论分析了集群产生、发展和衰落的过程及其机制,揭示了产业集群不同阶段的发展特点,在相当程度上完善了对集群发展过程的研究。

在产业集群的不同发展阶段,新技术的产生和应用以及市场需求的不断变化,决定着集群发展的更替和水平。集群只有不断地进行自我完善和提升,才能满足技术和需要变化带来的影响,产生正向更替[①]的效果。集群内部产业素质充分提升、外部发展环境得到优化,促使集群重新进入快速增长的轨道,并保持较强的竞争和创新能力,产业集群实现升级。

需要进一步说明的是,除以上论述之外,产业集群的生命周期理论还应该将产业集群的周期性风险也涵盖进来,这是因为产业集群的动态演变是受宏观经济周期影响的(O.M.Fritz,1998)[②]。这种周期性的风险是一种突发的、不能人为控制的周期性波动风险,可能出现在集群生命周期的任一段时期,会造成区域经济的不稳定。Bent Dalum(2002)以北欧的无线通讯工具集群为研究对象,对产业集群发展的技术生命周期风险进行研究并证实这一观点。

二、产业集群的适度规模效应和"拥挤效应"

产业集群的内部构成不仅包括为数众多的中小企业,还涵盖了为集群内企业提供配套设施、基础服务、金融保障等的服务型行业。他们通过相互间的扶持与融合使得产业集群不断的走向成熟和完善,使集群不断地呈现规模经

---

① 所谓正向更替是指:由于产业组织的成长和环境条件的改善,产业集群不断从原来的初级产业群落向更高级的产业群落演进的过程。(张聪群:《产业集群升级研究》,经济科学出版社2011年版,第67—70页。)

② O.M.Fritz、H.Vhhringer、M.T.Valderrama:"A Risk-Oriented Analysis of Regional Clusters",*Clusters and regional specialisation*,London:Published by Pion Limited,1998,p.112.

济的特征。

一方面,为了发展集群、壮大集群实力并提升竞争力,需要源源不断的企业集聚到集群内部;另一方面是当集聚的企业数量大于集群内各种资源所能承受的极限时,会发生"拥挤"现象。此时,产业集群就面临着企业集聚和"拥挤效应"的两难选择。产业集群的适度规模在理论界目前并没有一个明确的界定,与"生命周期理论"相比较,尚没有系统的研究,多见于各学者对产业集群的研究之内。

在福利经济学理论中,帕累托(Pareto,1869)指出:要使有些人的境况改善,就必须使其他人的境况变差,否则就无法重新安排生产或重新分配商品,这时的竞争性均衡就是帕累托最优①。可见帕累托最优就是规模经济与规模不经济的分割点,也就是说生产者要尽可能地使生产达到或接近于该状态,才能实现利润的最大化。在研究产业集群的规模生产时,我们就可以借用这一概念,力求使集群内企业的规模达到"帕累托最优"。

詹姆斯·布坎南(James M. Buchanan,1965)的俱乐部理论认为,俱乐部物品的显著特点就是俱乐部内成员数量增加到一定程度时会产生拥挤效应,并随着新成员的加入,公共物品的边际收益呈现递减状态。这时,就会有一个俱乐部的最佳规模的界定问题。产业集群就是这样一个有众多企业自愿组成的一个聚合体或俱乐部。产业集群的最佳规模就是在外部不经济所产生的边际成本正好等于由于新企业分担运转成本所带来的边际节约这点上。超过这个规模,企业聚集就会引起生产要素价格的上涨,加大了企业创新活动的成本。同时,随着企业成员的增加,集群区域市场日益激烈的竞争只能带来较低的边际利润,减少了企业研发投入的资金来源。在产品市场上,集群内企业的生产是公开和可复制的,具有创新能力的企业在"拥挤效应"的影响下,会逐渐丧失创新的动力,以致产生"劣币驱逐良币"的情况,进而使集群内企业间的产品趋同度逐渐提高,买方的需求弹性也会增加,其结果就是企业要不断地通过降价来保证其在市场中的份额,企业间的价格战也就不可避免。在要素市场上,不断增加的企业数量会对土地、厂房、劳动者数量、原材料等资源产生巨大

---

① [美]斯蒂芬·D.威廉森:《宏观经济学》,郭庆旺译,中国人民大学出版社2010年版,第69—77、103页。

的需求。可是资源的供给数量和能力相对于企业数量的增加是缓慢的,换句话说,为了保证增加了的企业数量对要素资源的需要,各要素必然要呈几何级数的增加才能够满足,这必然与现实情况是不相符的。因此,显得"过于狭窄"的集群就会由于内部企业的拥挤,催生各种资源价格的不断上涨。而企业在内部挖潜增效提高效益缓慢的前提下,要素价格的上涨则势必会侵蚀企业的大部分利润。长此以往,由于企业竞争力的下降所造成的集群竞争力降低就难以避免了。

从马歇尔(Marshall,1920)开始,他就认为同企业的发展一样,产业集群的发展也是有极限的。当集群内的企业发展到一定程度时,土地、资本和劳动力价格就会由于需求大于供给而产生上涨现象,集群内企业的发展就会受到限制,若不采取切实可行的措施,集群本身就会走向衰落或灭亡。而"搭便车"行为的存在则会使集群内成员产生创新惰性,削弱了产业集群的创新原动力,使得集群在低水平中徘徊不前,加速了产业集群的衰落。

克鲁格曼(Krugman,1991)也认为产业集聚规模有一个最佳的限度,其大小与产业集聚区的承载力及可开发性、基础设施等因素有关。产业集群的发展取决于向心力和离心力的对比。离心力包括不可流动的因素(土地、远距离的市场、国外劳动力)、高昂的地价(随着当地劳动生产率的提高而上涨)以及纯的外部不经济性(过分拥挤)。产业链前后企业之间的联系、企业迁移的惰性和市场机制的自发作用都会产生向心力。企业的集聚与分散受到向心力与离心力之间的强弱抗衡。因此产业集聚也就不必然是一种稳定状态。

三、产业集群发展的路径依赖效应

在经济学中,关于路径依赖的最早讨论可以追溯到保罗·大卫(Paul David,1975)的《技术选择、创新和经济增长》一书。在此基础上道格拉斯·诺斯(Douglass C.North,1994)对路径依赖做了经济学的定义:"人们过去的选择决定了他们现在可能的选择"[①],这种路径类似于物理学中的"惯性",一旦进入这种路径(无论是"好"的还是"坏"的),就可能对这种路径产生依赖。"历史

---

① [美]道格拉斯·诺斯:《经济史中的结构与变迁》,陈郁等译,上海三联书店1991年版,第1—2页。

是最重要的",我们今天的各种选择实际上受到历史因素的影响。诺斯认为在技术变迁的过程中导致路径依赖的本质原因是由于产生了规模报酬递增,因为具有规模报酬递增性质的技术的竞争从本质上而言是技术所有者——经济组织的竞争。

从经济史的角度来看,有些国家在某一制度框架内的发展获得了巨大的成功,而另外一些国家则仍处在长期贫困的状态。究其原因是由于历史是路径依赖的,制度变迁是基于文化和政治的积累过程,个体改善经济绩效的能力依赖于信仰和心智模式,而这些又受到积累的文化知识存量的影响,当积累的文化知识存量被置于学习的过程中时,路径依赖便产生了。

在我国,产业集群的形成往往是以某一个或几个核心企业为主导,一些中小企业围绕着核心企业来组织生产和经营。因此,分析我国产业集群发展的路径依赖效应,要从以下一个方面着手。

第一,制度框架与产业集群的关系。新制度经济学中将产权做了明显界定,我国的企业从宏观层面上来看,无论是民营企业还是国有企业,大多都有"泛家族"的性质,很多企业内部管理机构的建立都是基于"家族"成员来实现的,唯血缘、亲缘、地缘的组织模式在一定意义上还普遍存在着。也就是说,在制度与企业组织互动的过程中,不仅包括正式规则和各种非正式规则的个人、组织,而且包括制度变迁的过程。多数企业的这种初始性制度安排影响了制度的变迁过程,但是,制度变迁的过程更会严重影响制度的选择和进一步的变迁。

第二,地域特点和人文结构与产业集群的关系。独特的地域文化可以塑造具有明显比较优势的产业集群,高素质的人文构成也推动着集群的快速发展。但当集群发展到规模化扩张阶段以后,这种既有的文化特征就很可能成为集群升级的瓶颈式障碍。这正是由于一切制度的变迁过程都是一个适应性学习的过程,其基础在于个人心智、历史和文化以及意识形态的学习过程。因此,产业集群的创新动力必然孕育在一定时期的个人心智、历史进程、文化演化和意识形态之中。在这一过程中,地域文化或社会规范在产业集群发展的速度和方向上起到了作用。就如同刘易斯(Lewis)所说,习俗具有共同预期的再强制机制,在人类的社会安排中,"历史事件"可能拥有一种惊人的持续状态。

　　第三,路径依赖通常会产生低效率。业已形成的产业模式和技术创新路径,必然会有大量的资源为之服务,资源的投入和制度的安排也都会随之产生"惰性"。新技术的出现势必会对原有技术进行转化,而转化所产生的成本也强化了对原有路径的依赖。往往使新技术被束之高阁,低效益大行其道。赫伯特·西蒙(Herbert Alexander Simon,1985)指出,任何演进都是路径依赖的,从而通常只能达到"局部最优",而完备理性条件下的选择,则有能力达到"整体最优"。在路径依赖的作用下,企业的生产也就经常陷入"低收入陷阱"的怪圈之中,尽管集群间或企业间的竞争会迫使其改进生存条件,但由于受到非经济因素的影响,这种现象则不可避免。

　　第四,产业集群发展过程充满了路径依赖和创新。一旦新的产业集群被建立起来,其发展趋势总是归结于自我维持。集群的升级很可能是从一个大的外在冲击开始,这种外在冲击引发了内在变化,这种变化是积累性的或新的,而不是连续的、逐步的发生,在关键的转折时刻,被选取的选择规则的基本特征很可能对未来产生约束作用(路径依赖)。另一方面,从最初的非均衡状态向所出现的制度的转型的路径并不是唯一的,脱离均衡,产业集群的发展会沿着多种路径发展。因此,集群发展的过程充满了路径依赖和创新①。

四、产业集群的制度锁定效应

　　在制度变迁的历程中,一个产业集群的初始禀赋状况深刻的影响制度变迁路径的选择,这种初始禀赋所产生的路径依赖,会在一定时期内持续存在并影响其后的制度选择,使之进入一种"锁定"状态,制度变迁只能按照这种路径走下去。

　　按照诺斯路径依赖的第二中极端理论形式发展(即诺斯路径依赖Ⅱ),制度演变的轨迹形成后,顺着原来的错误路径往下滑,甚至被"锁定"在某种无效率的状态下而导致停滞。一旦进入了锁定状态,要脱身就会变得十分困难,此时产业集群进入到一种负强化机制和恶性路径依赖的漩涡之中。其表现在:第一,在思维认知上的局限或偏差,较长时间集中于某一模式,会强化对决

---

　　①　[法]克劳德·梅纳尔:《制度、契约与组织——从新制度经济学角度的透视》,刘刚等译,经济科学出版社2003年版,第40页。

策者的思维定势,强化对所选择路径的"依赖",经过长期的积累和重复,本地区的社会群体逐渐在认知和文化上表现出路径依赖的现象。由于路径依赖导致的认知锁定,会削弱集群内企业家的创新精神,不利于产业集群的持续发展;第二,集群中存在大量中小企业间的小额交易,市场信息收集与分配制度不完善,企业间的贸易往来多是以血缘、亲缘和地缘为依托来实现,现代企业的竞争法则和法律准绳没有建立起来。使得社会资本降低交易费用的效应难以扩展到特定的社会联系之外,不利于交易的匿名扩展,难以获得分工深化和市场扩展的好处,因此这种信任关系的锁定力量最强。根本原因在于其不能把关系网络内的交易优势与交易效率扩散到网络之外,所以会在集群的新产品升级、技术创新、集群组织更新方面遇到障碍;产权没有收到法律的切实保护,产权界定和保护还带有明显的主观色彩;第三,缺乏一个强有力的稳定的政府,政府出于对政绩的考虑,往往人为的划定产业集群的行政区划,这势必会在产业集群的发展中产生界限上的制约,一定程度上也削弱了产业集群的差异性。第四,市场发育不规范,政府和产业集群或企业成员陷入报酬递减的恶性循环之中。

第二节　产业集群升级的制度分析

一、演化博弈论与产业集群升级

相对于传统博弈论理论,演化博弈论摒弃了对博弈参与者完全理性的假设,认为参与者的理性是极其有限的,多是处于非理性的状态,他们的行动被惰性和简单模仿所驱使,受制于他人行动的基本经验的信念,而且收敛于效率结果,还依赖于无法解释的随机事件。

(一)制度内生性因素

在制度产生这个问题上,萨格登、扬等人运用演化稳定均衡策略(ESS)概念以及内生博弈规则论证了制度的内生性,在一定程度上解决了新制度经济学曾经遇到的制度循环论证问题。演化博弈论认为,现实世界中存在着这样一种状态,即当一个博弈群体采用一种策略,而该群体之外的其他人所采用的策略都不能干扰该群体所采用的策略时,这种状态就是演化稳定均衡状态。这种演化稳定均衡会使产业集群中的任何一个企业都不愿意偏离这种状态,一旦某一企业的行为出现了偏离,它在集群中所获得的规模收益就会减少。同时,这种个别企业选择偏离演化稳定均衡的战略也不会对其他企业产生采取偏离该均衡策略的动机。因为无论任何集群内企业选择什么,对他们来说,在演化稳态均衡时的选择是最为有利的。在长期中,这种依赖于稳态的均衡就会使集群趋于稳定,集群内各企业的行为也会在习俗或惯例的约束下自觉准守。

(二)制度化关联因素

对于一种制度来说,其产生的效率却并不相同。之所以会出现这样的情况,原因在于制度本身存在关联性与互补性,旧制度的遗留或者已经存在的非正式的制度影响了制度的变迁,导致了最后博弈均衡处于帕累托无效率的状态。青木昌彦认为,在博弈中集群内企业各自进行决策,结果产生的制度可以创造一定的外部性,使其他企业从中获得正收益,从而促进既有制度的延续。在产业集群内部,数量众多的企业是博弈参与者的一员,在协调博弈者不同策略时会产生在单独做出决策时得不到的结果,同时由于制度化关联的存在,组织信息体制中的内在缺陷也可以得到克服,集群制度环境的治理合约也会更加有效率,而制度的互补性也保证了制度的有效性。可见,制度的关联性和互补性导致了集聚的路径依赖,鉴于目前存在的制度是经过长期博弈筛选后而得到的制度,由于关联性和互补性,一种制度不仅影响着集群内的其他制度,也受其他制度所影响。如果集群升级过程中产生了新的制度规则,则势必会将改变其相关联制度的关联性和互补性,显然,其间困难重重。

(三)制度多样性因素

在产业集群发展的不同阶段,由于制度的博弈均衡往往是多重均衡的结果,哪一种均衡最终会实现依赖于诸如历史、政治、习俗等非正式制度因素的影响。在演化博弈论理论中,基于博弈参与者的"非理性",和掌握着"不完全"的信息,产业集群内部总会出现一些企业采取非惯例行动的偶发性行为,即使产业集群已经进入到"制度锁定"状态时,这种惯例也会不断的演化,而演化的未来状态也是极为不确定的。因此,演化博弈论学者认为,在产业集群发展的某一阶段,由于受集群内个别企业的非正式制度影响,产业集群的发展可能会处在不同的惯例之中,这样一种状态在制度经济学里被认为是"整体多元化效应",产业集群的升级也就受到了非预期性因素的影响。

(四)制度变迁因素

青木昌彦将制度变迁划分为两个阶段:第一阶段为相对短暂而失序的制度危机阶段,急剧的环境变化和内部危机导致了超过临界规模的社会群体的认知危机,各种相对于现有制度而进行的变异性试验纷纷涌现;第二阶段为进化稳定阶段,各种变异试验在进化压力的作用下展开竞争,接受进化过程的考验,一些决策也因此在演化过程中成为主导策略,制度进化调整的过程便逐渐稳定下来。①

制度变迁主要是因为外部冲击和博弈结构的内部均衡结果影响的积累,正是这种积累的效应导致了原有制度的危机。在产业集群内部如果现有制度遭到了外部制度环境的冲击,那么现有的集群制度就会有出现变革和创新的可能。由于制度变化而产生的集群升级过程不仅是一个渐进的过程,还是一个间断的被一些转折点所打断的过程。因此制度变迁带来的产业集群升级在一定程度上综合了路径依赖与制度创新的因素,在渐进中存在突变,是"刻点均衡"和进化选择的结果。

二、交易费用与产业集群升级

交易费用是西方新制度经济学的核心范畴,其思想最早来自科斯(1937),阿罗(1969)是第一个使用"交易费用"这个术语的人,威廉姆森则系统的研究了交易费用理论。他从交易的维度分析了交易的特性,对"交易"作了进一步的细化和一般化,使交易的经济分析更具有可操作性。

产业集群的形成是交易频繁发生的结果,是集群内部交易费用和交易成本不断演化的过程。威廉姆森指出,"交易之发生,源于某种物品或服务从一种技术边界向另一种技术边界的转移。此时,一个行为阶段结束,另一个行为阶段开始。"②交易由一个活动过程进入另一个活动过程,一项活动在一个活动过程向下一个活动过程的转移,产业集群内部的升级就是在循环往复的类

---

① [日]青木昌彦:《比较制度分析》,周黎安译,上海远东出版社2001年版,第246页。

② [美]埃里克·佛鲁博顿、鲁道夫·芮切特:《新制度经济学——个交易费用分析范式》,姜建强、罗长远译,上海人民出版社2006年版,第57页。

似转移过程中完成的。

（一）资产专用性

资产根据其专用性程度通常分为三类：通用性资产、专用性资产以及介于两者之间的混合性资产。产业集群为了维持集群自身的优势地位和提升集群的自身环境建设，往往会进行类似于公益性质的耐久性投资，这种投资一旦形成，则很难转移到其他用途上。这样一种投资行为也约束了产业集群要维持集群内企业间交易双方要建立起一种稳定的、持久的契约关系，如果交易行为过早的终止，所投入的资产便可能无法补偿。它主要有三类：一是资产本身的专用性，如针对某一产业的专门生产设备；二是资产地理区位的专用性，如产业集群内部为了降低成本所修建的铁路、码头等；三是人力资本专用性，如针对产业集群自身需求的人才培养机构。资产专用性实际上是测量某一资产对交易的依赖性。由专用性投资支持的交易既不是匿名进行的，也不是在瞬间就能完成的，为了支持这类交易，各种合同和组织保护措施便会出现。

（二）不确定性

"不确定性"是社会经济生活的一个重要特点，它从多方面对现实的经济运行产生影响。奈特（1921）认为，若完全不存在不确定性，每个人都能掌握有关变化的全部知识，任何具有管理性质的活动和对生产活动的控制都没有存在的必要，甚至任何现实意义上的市场交易也将不复存在。然而，在现实世界中，不确定性是随时随地都会发生的。在产业集群内不同企业间的交易过程，既要面对来自环境的不确定性，还要面临来自交易双方行为的不确定性。这种不确定性因素多是由于对未来情况的不确定产生的。在产业集群内部的不同交易中，不确定性所产生的作用和约束交易的程度也是不同的，一般来说，不确定性的影响程度主要受交易频次所影响。在同一产业集群内，企业间的交易行为多是长期性的，因此受不确定性的影响则较大。

（三）交易频率

交易发生的频率是影响交易的成本和收益的一个重要因素，因而它对集群制度的选择也有重要影响。主要体现在设立某种交易的规制结构的费用能否得到补偿，频率越高，交易的规制结构的费用越能得到补偿。

三、嵌入性依赖与产业集群升级

(一)结构性嵌入依赖

产业集群中的企业或个人都是在特定的区域中发生经济联系的。他们不可避免地要受到本区域历史文化传统、价值观及信仰体系这些非正式制度结构的影响。集群所在区域的地方传统、文化价值观以非强制性的约束维持着集群中企业日常的交易活动并且提供了交易活动所依赖的惯例,提供了集群企业和企业家之间的信息共享、交流、学习的平台,提供了集群技术创新和创新成果流转和扩散的渠道,为集群的成长提供了强大的动力。

国内外相关文献在论述地区发展、产业集群升级时突出强调了集体学习机制,大量的实证研究表明集体学习对于集群内的创新与整个区域的经济活力有着显著的关联性。集群的知识基础与集体学习机制成为理解集群网络式创新能力的关键。在产业集群中,知识作为重要的战略资源构成了能力的基础,集体学习机制对于集群内知识资源的整合与创造是动态实现网络式创新的途径。集群作为介于企业与市场间的中间组织形式,构成了新的竞争单位,而其持续竞争优势的来源取决于两个先决条件:分别是不能被其他集群请以购买和转移以及不能被其他集群轻易复制和模仿。从集群的网络式创新能力来看,这两点由于集群本身所具有的特征而分别得以不同程度的满足。

(二)关系性嵌入依赖

目前大多数的研究文献都认为集群创新网络的核心治理机制是信任,并且认为信任机制是建立在人际关系基础上的,通过人际关系形成的共同价值观与道德感,在社会关系的制约与关系互动中累积起来的集体身份认同,激励大家去履行承诺,不轻易从事机会主义行为,以免破坏自己的声誉,提高相互之间的信任感,能够有效降低交易成本,提高产业集群网络创新绩效。然而,这种建立在集群人际关系基础上的社会关系嵌入于集群社会网络中,形成集群成员之间的交易和创新活动对社会关系专用性的依赖,社会关系的专用性依赖,在集群内部形成不同的利益集团,不同的利益集团有不同的追求目标,形成了集群内成员之间的壁垒,限制了资本、信息、知识和创新的技术在集群内的扩散和传播,从而将集群的成长锁定在某一社会网络内、某一产业和某一技术水平上低效运行。

第三节 产业集群升级的模式与路径

在国内外产业集群发展的实践中,融入到全球价值链的集群升级模式是被普遍认为最行之有效的办法之一。利用全球价值链的网络架构,可以使各产业集群间、集群内各企业间做到最大程度的优势互补和资源共享。

一、产业集群升级的模式

鉴于不同地区所特有的企业文化、人文因素和经济发展形式,产业集群升级的模式也会不尽相同,以下仅就普遍存在的几种情况加以介绍。

(一)技术创新模式

在整个价值链链条上,数量众多的产业集群分布其上,各集群间的存有差异技术层级和生产结构构成了价值链的梯度效应。从时间上看,集群企业通过自主创新和引进吸收再创新的办法,不断提升产业集群在全球价值链中的层级,使集群逐步的发展到价值链的上游,获得巨大的创新前景;从空间上看,处于价值链条不同位置的产业集群通过相互学习,互为借鉴,依靠既有的分工协作模式,实现技术创新。正是由于全球价值链条的存在,不同产业集群间存在着技术势差,促使了产业集群不断地进行技术升级。处于价值链条低端的产业集群在与高端产业集群的生产合作过程中,会不断的获得来自于高端集群的先进适应性技术,逐渐消除能力势差所产生的产品附加值差距。另外,通过与全球价值链的主导企业分工、合作,尤其是开展技术创新,获取技术的溢出效应和学习效应,逐渐形成集群自有的内生机理。而这种优势推动全球价值链中企业通过实现在技术领域上的追赶,进一步发展为产业上的技术追赶。

(二)挖掘市场模式

产业集群不仅要拥有雄厚创新能力,还要有巩固现有市场,不断挖掘、开拓新市场的能力。产业集群参与全球价值链的国际分工体系,除了获取技术存量的增长外,更重要的是拓展市场,形成更加专业化的细分市场,造就特色化、差异化的创新能力和竞争优势。产业集群可依托本地专业市场,借助其销售网络,依靠产业集群内部的分工网络,引入全球价值链中主导企业的营销、品牌经验。对于产业集群中资金、技术、人才等资源相对不足的现状而言,本土品牌很难打开国际市场。但良好的社会资本和根植性的产业文化是产业集群的基础,与开拓国内市场的全球价值链的主导企业合作或结成战略联盟,获准其品牌使用权,以增强竞争力。在此基础上,产业集群可逐渐提升在全球价值链营销网络中的地位,不断构建新的营销渠道,孵化出新的企业品牌。

(三)环节模式

位于 GVC 的主导企业总是在全球范围内不断寻找新的、能降低生产成本的渠道以及价值链环节。不同的产业集群位于价值链的不同价值层面,为其沿着 GVC 向高价值层面跃迁提供了契机。当产业集群的某个环节比目前耦合的集群更有潜力、或更具有成本优势时,全球价值中的主导企业必然会舍弃而另求其他。GVC 的主导企业面对竞争激烈、环境复杂的国际环境时,必然会将更多的精力专注于自身核心竞争力的价值环节,并转而向其他产业集群地域嫁接被自己剥离的非核心价值环节来优化自己打造的价值链,以形成价值链的精益物流(Lean Logistics Strategy)。同时,产业集群为了摆脱单纯从事某个非核心、低附加值环节的从属地位,防止集群产业链的"空心化"和"边缘化",必然会嵌入 GVC 的某个环节作为基点。通过"从出口中学"(Learning by Exporting)来强化整个产业集群,并沿价值链向上游或下游的高附加值环节攀升,形成集群产业的链式整合,集群式产业链的整合必然会提升集群的功能。

(四)整体模式

产业集群的产生与发展与本地积淀的产业文化密切相关,因此,集群在发展初期网络化程度低、分工简单、技术水平落后,缺乏与外部市场、尤其是 GVC(国际市场)的沟通和联系。但由于国内消费层次较低,这类产业集群通过满足国内市场的需求而不断延伸、拓展自身的产业链,可以形成完整的产业体系、丰富的产品种类、较高的产品质量及相对完善的配套组织。在经济全球化背景下,随着产业的梯度转移和市场竞争的加剧,GVC 的主导企业在打造和培育核心价值环节同时,开始将重心转移到档次相对较高的集群国家或地区,一方面为了降低成本,满足国际市场,另一方面为了抢占发展中国家的市场。因此,GVC 的主导企业为了快速转变和适应本土化生产与采购,就会促使原来的精益物流战略向快捷物流战略转变(Agile Logistics Strategy),以保证对市场和消费者反馈的速度。因此,集群产业链的完整程度成为 GVC 中主导企业整合自身价值链的平台。与环节模式相比,从短期看,这种产业集群较难获得 GVC 主导企业的关注;从长期看,正是由于其具有完整的产业链和悠久的产业文化,以及完善的配套设施,如培训机构、中介机构、信息中心等,因此一旦嵌入 GVC,其持续竞争力将不断增强,这种集群产业链的整合将表现为价值链各环节的升级。

二、产业集群升级的路径

Kaplinsky & Morris(2001)认为升级具有层次性,也就是说,升级会沿着特定的路径发展。首先是工艺升级、然后是产品升级、功能升级,最后是链条升级。为了实现这样一种升级的路径,产集聚群在内部路径上着重提升产品的品质和效益,在外部路径上,逐渐有一条低附加值的链条发展到另一条该附加值的链条。

(一)内部路径

内部路径主要是集群从知识和创新系统着手、加强内部网络升级,集群升级应该更注重知识系统,而不是生产系统,集群升级的目的在于重新定位集群,为了得到新市场或者用新的方式得到旧市场,要求具备积极的搜寻能力和风险投资能力。其理论依据包括马歇尔的产业区理论、韦伯的工业区位理论、增长极理论、波特的竞争优势理论、克鲁格曼的新经济地理理论等理论综述。这些理论从产业集群成长性角度来看,对产业集群的产生、发展、衰退机理做出了具有实践意义的阐述。也就是说,集群理论在对集群运行的内在机理进行描述和解释的同时,也隐含着对集群产业升级路径的良好指引。[①]

波特的钻石模型是描述集群竞争优势的一个著名模型。他认为集群的竞争优势是由需求条件、要素条件、企业竞争与战略、相关支持行业竞争力以及机遇运气、政府政策等因素综合作用的结果(波特,2002)。按照波特的理论分析,集群升级战略应该是整个钻石模型的整体升级,即应从需求条件、要素条件、提升相关支持行业竞争力、技术创新以及政府政策的变化等方面来考虑集群升级的方向。

从集群理论引申得到的集群升级战略可以归结为三类:第一,供给导向的升级措施,包括技术设备升级,提升集群劳工的技能,开发工业园区,向集群企

---

① 符正平:《中小企业集群生成机制研究》,中山大学出版社 2004 年版,第 117 页。

业提供生产服务等;第二,需求导向的升级措施,构建集群营销网络,对集群整体进行宣传推广,营造集群氛围与形象;第三,组织管理类的升级措施,推动集群企业之间的合作与分工,组建行业协会,增强集群内部的信赖关系和价值认同,建设集群文化。

(二)外部路径

外部路径的理论依据是全球价值链理论。其关于产业集群升级的核心观点是任何一个经济组织都不可能闭关自守,必须和外界保持密切的联系,集群升级的途径也必然从外界的联系中得到。因此,产业集群升级的主要途径是通过加强与外部联系,嵌入全球价值链来达到集群升级。

由于一个国家或地区在全球产业价值链中所处的功能环节直接决定了其在该产业获得的附加值,因此,要想改变在价值链中的被动局面,发展中国家的产业集群必须进行升级。Humphery 和 Schmitz 提出了全球价值链升级的四种方式:工艺流程升级,主要通过对生产体系进行重组或采用新技术来提高价值链中某环节的生产加工工艺流程的效率,来达到超越竞争对手的目的。产品升级,通过引进新产品或改进已有产品的效率来达到超越竞争对手的目的。功能升级,利用重新组合价值链中的环节,以提高经济活动的附加值,获得新的功能或放弃已有的功能,增加经济活动的技术含量。价值链升级则是从一条价值链跨越到一条新的、价值量更高的相关产品的价值链。

不同的产业集群,因其形成的背景和自身资源各异,由此也就形成了不同的发展路径依赖,但最终都要考虑融入全球价值链,并沿着全球价值链寻找合适的升级路径。工艺流程升级、产品升级、功能升级和价值链升级这四种升级类型,在集群升级过程中表现为集群企业的经营方式沿着 OEA-OEM-ODM-OBM 的路径演进。从竞争战略的角度看,在全球价值链下集群升级模式的实现,是集群及其企业竞争战略的转变过程。[①]

(三)结合路径

嵌入全球价值链是地方产业集群升级的重要途径,实践证明,发展中国家产业集群嵌入全球价值链确实取得一定的升级效果。但对于绝大部分的产业

---

① 江波、郑健壮:《全球价值链环境下的产业集群升级战略研究》,《技术经济》2008 年第 4 期。

集群,嵌入全球价值链没有能够沿着全球价值链升级到所谓的价值链的高端。大部分的发展中国家产业集群,基本上受困于价值链的低端部分,捕捉全球价值链上很少的价值,这种情形称为跌入"全球价值链陷阱"①。区域网络是产业集群升级的根本动力,然而过于封闭的区域网络是非常危险的,产业集群有可能因为无法接受区域之外的创新扩散,导致产业集群内的创新停滞或者导致技术路径被"锁定",并陷入"网络陷阱"。

可见,单一路径下产业集群的升级过程是困难的。因此,除了内部路径和外部路径之外,还有一条介于两者之间的一条路径,就是结合创新系统的产业集群升级的路径。创新系统从宏观到微观包括国家创新系统、区域创新系统、集群创新系统和企业创新系统,而集群创新系统既是国家和区域创新系统的重要组成部分,同时又是企业创新系统的集合。从集群创新系统的角度,集群的升级便同时具有内部性和外部性的特征。创新是产业集群顺利嵌入全球价值链实现升级的必然选择。在全球化条件下,区域产业集群要顺利嵌入全球价值链实现升级,必须具备适应国际化发展的人才、较强的技术研发能力、产品开发与设计能力以及国际市场营销与开拓能力等条件,而技术研发能力尤为关键。因为,发达国家的跨国公司拥有关键核心技术,是全球价值链上技术标注的制定者,占据了价值链最高端,形成技术进入壁垒。如果没有较强的技术与研发实力,区域产业集群即使能嵌入全球价值链,也可能长期被锁定在全球价值链低端环节。因此,要解决这些问题,顺利嵌入全球价值链实现升级,其手段和机制就是创新。

从上述有关产业集群升级的路径分析中可以看出,产业层次的升级行为存在多种方式和可能的路径,并且这些方式和路径可能产生不同的绩效结果。这意味着,处于不同发展阶段、具有不同战略导向的产业,为了实现其自身的战略目标可以选择不同的升级路径。

第四节　国内外产业集群升级的经验借鉴

针对产业集群的不同发展模式和升级路径,对国内外传统产业集群和高

---

① 潘利:《链网互动理论:产业集群升级的新视角》,《华东经济管理》2007 年第 7 期。

新技术产业集群的升级经验进行分析发现,集群战略并非只局限于某一特定行业或部门,只要是符合本地竞争优势的集群,都能够形成具有本土化的地方生产体系。另外,产业转移和集群战略升级最终结果的优劣是一个需要经长期摸索和实践检验的过程。

一、巴西制鞋产业集群升级

Sinos Valley 位于巴西南部,是本国主要的鞋类生产地。在 20 世纪 90 年代初期,Sinos Valley 的鞋类产量占巴西总产量的 30%,其出口量则占全国鞋类出口总量的 80%,是巴西出口导向型制鞋工业的中心(Schmitz,1995;Nadvi,1995)。到 1999 年,Sinos Valley 已经聚集了 693 家企业和十余万名技术工人进行鞋类生产,全国近六成的配件供应商和八成的皮革加工、设备生产企业集中到该地区组织生产。此外,Sinos Valley 的商业组织和培训网络也日益丰富(Bazan & Navas-Aleman,2003)。

Sinos Valley 最早只是为本国提供鞋类制品的若干地区之一,经过多年在本国激烈的竞争中逐步提高了市场占有率,形成了集群内拥有 400 余家小企业的制鞋产业集群,集群的形成也为日后制鞋工业成功走向国际市场打下了基础。20 世纪 60 年代末,随着石油危机的加深,欧美等传统工业国家的生产成本急剧攀升,为了寻找合适的生产环境,全球制鞋工业开始从欧美发达国家向低成本国家转移。巴西凭借其独特的地理优势成为承接国际产业转移的主要受益者之一,其鞋类产品的出口额一路飘升,到 80 年代末期更是达到 1.5亿双,其中的大部分产品是在 Sinos Valley 生产出来的。Sinos Valley 之所以获得成功的主要原因是:第一,进口商认为该地区的鞋类产业集群内部分工精细、集群结构较为完整,能够给他们带来优势;第二,Sinos Valley 在获得国际订单时并非单打独斗,而是共同主动出击搜寻出口订单。

Sinos Valley 的产品大多数出口至美国,两者之间所形成的是一种准层级式的治理关系。采购商根据市场的需求情况,制定出所需产品的规格和模型,生产商根据这一标准,在采购商的帮助下选择生产所需的技术并改进生产组织。生产商只负责商品的生产和本地供应链的组织,价值链条中的研发和销售阶段都是由采购商来组织实施。本地生产企业受惠于这种价值链分工,他们凭此接近国外市场并得到快速成长(Humphrey & Schmitz,2002)。然而,这种只注重生产经营而不关注研发和销售的模式也存在着相当程度的风险,到20世纪90年代在与中国竞争低价鞋类市场中的实例中得到印证,巴西生产商不得不面对急剧下降的产品价格。

尽管升级的紧迫性是明显的,但是当地的大型企业由于害怕由于延长了营销链条而挤占主要客户的核心业务,进而影响这些生产商的企业利润。所以以这些大型企业为代表的 Sinos Valley 产业集群并没有听取行业协会的建议,而仍旧把主要精力放在了生产阶段。这种升级战略的后果是巴西 Sinos Valley 集群的生产能力(产品质量、响应速度、准确性和灵活性)可以媲美世界上最优秀的生产商,但是在创新性设计方面则远远落后(Humphrey & Schmitz,2002)。

二、台湾地区计算机产业集群升级

从20世纪80年代以来受国际产业转移的影响,电子信息产业逐步成为推动台湾经济增长的重要引擎。尽管20多年来,世界上许多国家和地区的信息产业部门都得到了快速发展,但是无论从规模还是速度上台湾都超越了这些竞争对手。

台湾的计算机硬件产业集群的生产以 OEM 为主要形式,依靠累计产量快速攀升而进步成长起来的。1995年,台湾生产的计算机硬件中75%出口到欧美市场,此后受到来自亚洲新兴国家和地区高新技术的迅猛发展所带来的冲击,至2002年,欧美市场的份额仍然保持在60%的水平。在从1993—2002年台湾代表性资讯产品出口中,以 OEM 和 ODM 模式出口的比例在几乎所有产品中都呈现上升趋势,代工总比例从1997年的62%上升为2002年的76%。笔记本电脑的代工比例由1992年的77%上升到2002年的93%,台式电脑从40%上升到80%,显示器的比例也在快速增加(瞿宛文,2004)。

成功使台湾快速嵌入到全球价值链中的是 IBM 在台湾采购计算机零部件开始。IBM 对产品开发程序、生产速度和产品质量控制、供应商资质的严格审查,使台湾企业迅速提升它们的产品品质。在成为 IBM 的产品供应商后,众多台湾企业学会了如何升级原材料采购和生产控制方法,以便削减成本、提高质量并缩短产品开发和交付周期。IBM 工程师的定期到访和考察生产与物流等环节,逐步使台湾企业的效率得到了整体性的提升。这种知识转移是特别重要的,因为它包含更多排他性的、隐形的知识(Ernst,2000)。

沿着 OEM 路径,台湾企业获得越来越复杂化的知识。计算机硬件产业集群也逐渐向 ODM 方式转变,利用逆向工程来模仿、复制日本计算机模型,然后参展低价外销。台湾制造商还发展出设计整合能力,依靠局部设计能力从国外总承包商手中拿下获利最好的原始设计合同。20 世纪 80 年代,外商直接投资的地位逐渐在台湾淡出,本土公司的崛起以及技能提升,使外商在台湾的运作模式转为委外制造加工,本土企业则在 20 世纪 90 年代走向全球化,小企业转化为大企业,市场集中度逐步提高(瞿宛文,安士敦,2003)。但好景不长,一些厂商为了摆脱 OEM 模式造成的锁定,尝试向 OBM 升级但很快就失败了,又不得不重新定位于 OEM 和 ODM 生产。

20 世纪 90 年代以后的 OEM 合同扩展到包含高附加值服务活动的一体化服务包。这意味着台湾 OEM 厂商需要承担生产链条中除了核心研发和战略营销外的所有步骤,以及全球供应链管理必需的协调功能。此外,这些变化还导致了大企业和中小企业之间的进一步分工。大企业往往承接大型 OEM 合同,这些合同超过了中小企业的生产能力,中小企业因而转向承接它们更有可能维持多元化顾客基础并索要高价的 ODM 合同。

三、浙江传统产业集群升级

传统产业集群在我国浙江最为典型。目前,浙江已形成超过亿元的产业集群 300 多个,其中 10~15 亿元的 90 多个,50~100 亿元的 10 多个,超过 100 亿元的有 4 个,区内企业约 13 万家,就业人数 600 万人,平均约 46 人,主要为中小企业,总产值占全省的 60%。平均经济增长约高于全省平均 3~5 个百分点。可以说浙江的经济总量和经济增长主要依托这一增长模式。

浙江产业集群在发展初期,主要采取原位膨胀的发展模式。当某一类产业在某一特定空间区位初萌生机,由于盈利示范效应,则不断有新的民间投资进入,新的同类型民营企业开业,逐渐形成了一个专业性的产业集群区。在生产性企业集聚、衍生、扩张的同时,商贸服务性企业也相伴繁衍,并促使专业性市场的出现。专业性市场的出现标志着该产业集群进入到快速膨胀扩张期。随着市场交易规模的扩大和市场辐射半径的延伸,越来越多的民间资金和生产要素被诱致进入该产业聚集区,使产业集群在原生区位上出现全方位高速扩张,企业数量、就业人数、产值规模呈几何级数增长。与此同时,产业集群内部的专业分工进一步深化,产品质量进一步提高,产品品种、门类更加丰富,新技术和新的管理方式不断引进、普及,产前、产中、产后服务更加完善。

除此以外,浙江产业集群的发展还有一个新的模式,即异地孵化,这种模式产生的根本原因是集群扩张动力的驱使和资本实现增长的必然。通过这种模式的应用,原集群在向外输出商品的同时,资金、技术、人才等要素也同时输送到新的所构建的产业集群内部,使得产业集群突破了原生区位上的发展限制,带着原产业集群的基因和特性,在新的地域内发展壮大。例如,义乌小商品产业集群在东北、西北以及中东和非洲就建立了新的小商品产业集群;绍兴的轻纺产业也在宁波、江苏等地建立新的轻纺市场。

纵观浙江产业集群的升级之路,更多的表现为模仿创新。在产业集群内部,一些知识、技术的革新,很难限制于某一企业内部,多半是以“公共产品”的形象被广泛使用。但对于集群外部的企业,这些创新的转移,尤其是一些内隐知识的转移,往往伴随着高昂的技术转让费用。在激烈市场竞争过程中产生的技术创新活动,不仅推动了技术进步和产业调整,也促使产业集群向着新的领域前行。在产业集群内部,竞争机制和技术进步机制得到了淋漓尽致的发挥。

四、广东现代制造业产业集群升级

广东是我国最早进行改革开放的省份,经历三十余年快速发展之后,原有低附加值、劳动密集型的加工贸易产业早已不适应如今发展的需要,珠江三角洲地区的中小企业已经凸现出落后态势,在许多层面上出现弊端。为了把现有的传统制造业从目前的集群内“转移出去”,再把“先进生产力”转移进来,广东采取了所谓“腾笼换鸟”的发展模式,以此达到经济转型、产业升级的目的。

由于本地紧邻港澳,承接香港、澳门、台湾地区的产业转移,珠江三角洲地区的中小企业大多是从事“三来一补”式的加工贸易行业,这种产业的相似度非常高,进入门槛很低,行业内部经常会发生恶性竞争的现象。同时,由于贸易加工产业密集程度较低,无法有效地形成相对集中的产业集群,因此无法配置统一的基础设施和信息服务配套体系。在资金短缺、技术薄弱、人才缺乏和企业战略意识差的环境下,中小企业的生产成本往往很高,由此就造成创新能力的不足。在没有核心技术的现代全球价值链体系中,就只能长期处于产业链的底端,所能够获取到的附加值和企业利润则少之又少。此外,珠江三角洲地区是我国对外贸易最为活跃的地区,区内的中小企业又都是以出口为主要生存条件,在当今国际经济危机和欧美经济长期陷入萧条的背景下,这些企业极易倒闭、破产。

因此,在国家经济安全的宏观层面和地区经济发展的前景上考虑,珠江三角洲地区的经济发展模式已经不能适应当前经济的发展要求。在这种情况下,广东省提出要"腾笼换鸟",即"双转移"政策,具体是将珠江三角洲劳动密集型产业向东西两翼、粤北山区转移;而东西两翼、粤北山区的劳动力,一方面向当地二、三产业转移,另一方面是其中的一些较高素质劳动力向发达的珠江三角洲地区转移。这一产业集群的升级政策,从长远上来看是有利于广东经济发展要求的,能够有效推动区域经济发展,但在实际的操作过程中却并不理想,结果是传统的制造业已经转移出去,但是"先进生产力"却没能转移进来,产业升级出现空洞。

究其原因主要是:第一,珠江三角洲地区原有的加工贸易产业属于劳动密集型产业,多年来形成的生产体系所利用的技术多半是"实用技术",而非"先进技术",高科技产业培育不足,在低端产业转移后出现的产业空洞上,无法及时的注入进来加以补充。世界各国真正能够做到产业升级的并不多,成功的案例如日本也是在政府和企业一道做了充分的准备,并也经历了"产业空洞"的痛苦。往往成功的经验是在技术储备上"生产一代,储备二到三代,研发四到五代"(丁永健,2010);第二,中小企业的发展环境还尚未健全。中小企业在撤出的过程中,第三方服务机构能够为企业提供的配套服务几乎没有,在信息不对称的外部环境下,企业多会出现转型难的情况,更严重的会伤及到企业的发展动力,一并造成社会资源的极大浪费;第三,在产业转移的过程中,政府势必会参与进来,在税收、财政等分配机制没有理顺的情况下,发达地区和欠发达地址之间势必会因为利益的纠葛产生矛盾。尽管高技术产业能够为地方经济发展带来更多的收益,但由于种种因素的限制,地方政府在招标的过程中并非是偏好高新技术产业。除此之外,在路径依赖效益的影响下,搬迁到新产业集群内部的企业在经营初期也会增加经营成本,提升经营风险。

　　尽管广东在产业集群升级的过程中出现了种种困难,但"腾笼换鸟"的产业政策是有力的。历史经验表明,任何一个国家或地区的经济发展都是一个产业结构不断升级的过程。如果因为短暂的挫折而停止了升级的步伐,就会出现"南美现象"(朱卫平,2009)。珠江三角洲的发展规律是历史与现实的必然,也是经济发展规律的正常现象,只有坚定不移地推进产业集群的升级,才能够最终提高企业竞争力,更好地发展区域经济和协调好区域结构。

第四章　我国制造业产业集群发展现状

目前,我国制造业发展正处于结构转型的过程之中。制造业产业集群通过不断嵌入到全球价值链体系中来,实现自身产业层级的提升和实力的增强。尽管从严格意义上来说,我国制造业产业集群还处在"初级阶段",仍然是以大量的"准集群"形式而存在,集群的发展还存在着各种各样的问题,但是产业集群仍是提升制造业技术水平和改善我国工业地位的有效途径。制造业产业集群发展过程中出现的诸多问题和"非凡业绩",仍需要我们理性的思考和有针对性的面对。

第一节　我国制造业产业空间分布状况

在空间分布上,我国制造业发展呈现出由东部沿海到西部内陆依次递减的现象。这种阶梯状的产业分布结构突出表现为,东部沿海产业集聚程度高,制造业从业人员密集,外部经济显著。而与此同时,西部内陆地区产业层级较低,规模不经济明显,产业技术工人有向东部转移的冲动。

一、制造业产业分布概况

(一)就业分布不平衡

中国制造业就业密度差异很大,按东部、中部、东北、西部次序存在迅速下降的梯度分布特征。2010 年全国规模以上制造业工业企业数量超过 42 万个,其中东部 29.1 万家,占全国的 64.28%;就业人数 2259 万人,占全国的 62.1%;实现主营业务收入约 61 万亿元,占全国的 86.89%。东部地区制造业的就业密度达到了 19.5 人/平方公里,是全国平均水平的 5 倍多。中西部各项指标占全国的比重较为接近,一般都是西部地区低 2~4 个百分点,但是考虑到两大区域在面积上的差距,西部制造业发展水平与中部相比还是存在相当的差距。中部地区制造业工业就业密度为 6 人/平方公里,略低于全国平均水平的 2 倍,整个西部地区制造业就业密度平均只有 0.79 人/平方公里,仅为全国平均水平的 1/5。东北地区制造业企业数量占全国的比重不足 6%,就业数量只占 8.1%,制造业就业密度略高于全国平均水平。

(二)就业规模显著增加与区域分布差异显著并存

由表 4.1 可见,2000—2010 年全国总体制造业就业情况出现大幅增长,年均增长 7% 左右,2010 年制造业就业从业人员接近 7000 万人。从地域上来看,东部地区以其强劲的经济增长实力,带动了大量的就业人员,区域年均增长 10.6%,其中以广东最为显著,2010 年比 2000 年从业人员数量增加 213.27%,北京增幅则最小为 4.8%。中部地区由于其地理上的局限,10 年间增幅最高的为湖南 67.68%,依次为安徽 65.54%、河南 39.69%、湖北 27.96%、

表 4-1　2000—2010 年间全国各地区制造业就业人数变化情况

地区	省份	2000 年（万人）	2010 年（万人）	幅度（%）（+/-）	地区	省份	2000 年（万人）	2010 年（万人）	幅度（%）（+/-）
东部	广东	336.33	1053.62	213.27	西部	西藏	1.15	0.83	-27.83
	山东	363.09	688.28	89.56		宁夏	13.34	18.79	40.85
	浙江	228.37	605.12	164.97		甘肃	62.84	47.64	-24.19
	福建	80.52	218.9	171.86		青海	10.11	12.3	21.66
	上海	153.64	228.47	48.70		云南	51.23	58.04	13.29
	河北	188.55	251.29	33.27		内蒙古	42.88	71.53	66.81
	北京	87.84	92.06	4.80		陕西	92.51	103.43	11.80
	江苏	399.89	923.38	130.91		新疆	29.66	32.96	11.13
	天津	83.95	109.17	30.04		贵州	48.43	40.98	-15.38
	海南	6.67	8.55	28.19		广西	67.38	107.52	59.57
中部	山西	97.76	108.22	10.70		四川	220.18	360.89	63.91
	江西	129.56	136.55	5.40	东北	辽宁	211.42	289.93	37.13
	湖南	118.21	198.21	67.68		吉林	85.47	93.99	9.97
	安徽	104.35	172.74	65.54		黑龙江	82.72	71.41	-13.67
	湖北	182.22	233.16	27.96	全国		3811.03	6660.3	74.76
	河南	230.76	322.34	39.69					

资料来源:根据 2000—2010 年《中国统计年鉴》资料整理而得。

山西 10.70%、江西 5.40%。受西部大开发政策的影响,西部地区的从业人员数量基本略同于中部地区,但贵州、甘肃和西藏等省、自治区则出现了一定程度的下降,降幅分别为 15.38%、24.19% 和 27.83%。东北地区的情况则略有不同,沿海省份的辽宁 10 年间就业人数增长了 37.13%,与东部沿海的部分省份基本持平,吉林以 9.97% 的增幅排在第二位,黑龙江则出现了 13.67% 的负增长(见表 4-1)。

(三)东部沿海部分地区专业镇发达

目前,广东省已形成各具特色的专业镇 300 多个,经济规模也突破了 1.3 万亿元,占全省地区生产总值的比重达到 28.8%,基本形成了以陶瓷、纺织服装、机械、电子、五金等 30 多类优势特色产业集群。在特色产业的拉动下,广东省已经形成了工业总产值超千亿的专业镇 2 个,超百亿的专业镇 76 个;打造了以美的家电、格兰仕微波炉、鹰牌陶瓷、以纯服装等品牌为代表并在同类产品中享誉声望的知名品牌。专业镇带动了产业集群的飞速发展,目前以纺织品制造为特点的大朗毛纺、以皮革制品为特点的狮岭皮具和澄海的玩具等产业集群都已经在全国声名鹊起,集群规模和集群发展程度也领先全国。浙江省产业集聚区发展总体规划(2011—2020 年)①中提出,在今后十年,浙江要打造 14 个特色鲜明的产业集聚区②,围绕实施全省 11 个重点产业转型升级规划,在产业集聚区重点布局建设一批产业链长、带动力强的装备制造项目,支持各类科技孵化器、高新技术产业基地、重大高技术产业化项目建设和具有核心技术的高新技术企业发展。

"高端纺织化纤业以高技术纤维、新型纺织材料、印染后整理技术、新型

---

① 浙江省产业集聚区发展总体规划(2011—2020 年),浙江省人民政府:"http://www.zj.gov.cn/gb/zjnew/node3/node22/node167/node360/node368/userobject9ai119587.html"。

② 14 个产业集聚区包括:杭州大江东产业集聚区,布局于钱塘江沿岸的大江东区域;杭州城西科创产业集聚区,布局于余杭西部和临安东部;宁波杭州湾产业集聚区,布局于杭州湾南岸、慈溪市北部;宁波梅山物流产业集聚区,布局于宁波梅山岛及周边区域;温州瓯江口产业集聚区,布局于瓯江口区域;湖州南太湖产业集聚区,布局于湖州市南太湖区域;嘉兴现代服务业集聚区,布局于嘉兴中心城区的东南部;绍兴滨海产业集聚区,布局于绍兴市北部、杭州湾南岸;金华产业集聚区,布局于金华市区和兰溪市的东部;衢州产业集聚区,布局于衢州市中部盆地的低丘缓坡地带;舟山海洋产业集聚区,布局于舟山本岛和若干重要岛屿;台州湾循环经济产业集聚区,布局于台州市区、临海、温岭的东部沿海区域;丽水生态产业集聚区,布局于丽水市中部的盆地区域;义乌商贸服务业集聚区,布局于义乌市。

聚酯及纤维生产等为重点;特种钢铁业以发展高强度轿车用钢、工模具钢和特殊大锻材等关键钢材品种,高速重载铁路用钢、石油开采油井管、油气长距离输送用管及其板材,高强度、节材型螺纹钢和高层建筑抗震耐火钢等为重点;汽车整车及关键零部件制造业以符合国家安全、节能、环保要求的整车产品、新能源汽车和汽车发动机、制动系统、传动系统等关键零部件及新型汽车电子等为重点;"高新化"轻工业以绿色食品系列化精深加工、生物可降解塑料及其系列产品开发、先进制浆造纸设备等为重点;新型建材应以高性能节能、节地、环保结构墙体材料和自保温墙体材料、新型节能环保屋面材料、绝热隔音材料等为重点"[1]。

二、我国制造业产业集群的发展现状

产业集群实际上是由不同的行业部门所构成的产业系统。制造业产业集群也是由若干个行业所构成的有机体。研究集群内部不同行业的自身发展状况,是以微观的视角来阐释制造业产业集群这一产业系统有效发展过程的独特视角。为了能够对制造业产业集群的发展状况有一个准确的把握,必须对集群内部行业间的各种关系进行宏观调控,使之协调与畅通,使系统向更有序的高级方向发展。

(一)中国制造业产业集群规模分布

以 2007 中国投入产出表的数据为来源,对制造业产业集群进行了初步的分析。将制造业两位数行业部门进行整合后分成 17 个具体部门,分别为:食品制造及烟草加工业(C13、C14、C15、C16)、纺织业(C17)、纺织服装鞋帽皮革羽绒及其制品业(C18、C19)、木材加工及家具制造业(C20、C21)、造纸印刷及文教体育用品制造业(C22、C23、C24)、石油加工、炼焦及核燃料加工业(C25)、化学工业(C26、C27、C28、C29、C30)、非金属矿物制品业(C31)、金属冶炼及压延加工业(C32、C33)、金属制品业(C34)、通用、专用设备制造业(C35、C36)、交通运输设备制造业(C37)、电气机械及器材制造业(C39)、通信设备、计算机及其他电子设备制造业(C40)、仪器仪表及文化办公用机械制造业(C41)、工艺品及其他制造业(C42)、废弃资源和废旧材料回收加工业

---

[1]　《浙江省产业集聚区发展总体规划(2011—2020 年)》,浙江省人民政府。

（C43）。

并参照原投入产出表的基本格式,将其按照新的标准进行了重新排列。制造业产业集群内的 17 个行业部门被安排在前 m 列和前 m 行,其中 m 是制造业产业集群内的行业数量,n 为投入产出表中所有的行业部门数量,最终需求部门是 $n+1,\cdots,l$,基本投入部门是 $n+1,\cdots,h$。度量中国制造业产业集群内各行业的规模分布的主要指标由投入产出表中 5 个部分组成,它们分别是 X_1、X_2、X_3、X_4 和 X_5。

中国制造业产业集群的总产出量、行业间投入量、行业间产出量、行业间交易量的规模分布(见表 4-2)。

表 4-2　中国制造业产业集群规模分布状况

行业类型	产业集群总产出量（亿元）	产业集群行业间投入量（亿元）	产业集群行业间产出量（亿元）	产业集群内交易量（亿元）
食品制造及烟草加工业	2575.08	1157.42	1586.41	396.28
纺织业	647.46	173.61	519.28	242.15
纺织服装鞋帽皮革羽绒及其制品业	649.80	305.28	294.63	97.78
木材加工及家具制造业	645.21	268.89	404.37	136.82
造纸印刷及文教体育用品制造业	683.22	146.58	618.50	156.86
石油加工、炼焦及核燃料加工业	3541.82	1895.25	2073.37	622.67
化学工业	4574.90	1368.06	3608.12	1357.53
非金属矿物制品业	1695.79	666.95	1308.52	241.53
金属冶炼及压延加工业	6930.79	2358.82	5255.69	2201.39
金属制品业	1332.38	439.96	1011.61	366.73
通用、专用设备制造业	4343.48	1572.75	1900.99	770.04
交通运输设备制造业	2647.67	1092.42	1421.62	497.39
电气机械及器材制造业	1462.93	655.81	921.31	278.82
通信设备、计算机及其他电子设备制造业	1403.85	438.95	733.46	305.29
仪器仪表及文化办公用机械制造业	336.62	90.56	223.00	48.71

续表

行业类型	产业集群总产出量（亿元）	产业集群行业间投入量（亿元）	产业集群行业间产出量（亿元）	产业集群内交易量（亿元）
工艺品及其他制造业	107.09	47.55	65.36	23.50
废弃资源和废旧材料回收加工业	286.73	10.91	285.24	142.53

资料来源：根据《中国统计年鉴》(2011)及《中国工业经济统计年鉴》(2011)资料整理而得。

从表4-2中数据可以看出，制造业产业集群内金属冶炼及压延加工业总产出规模达到6930.79亿元。化学工业和通用、专用设备制造业分别处于第二、第三位，每个行业总产出都超过4000亿元。各行业间总产出量差距明显，排名最后一位的工艺品及其他制造业总产出量107.09亿元，仅是金属冶炼及压延加工业的1.55%。

制造业产业集群内行业间投入量、行业间产出量以及交易量的规模分布与总产出量的分布基本类似（见表4-3）。不同的是属于基础原材料类的行业位次在各类项目中略有变化，如石油加工、炼焦及核燃料加工业、木材加工及家具制造业和金属制品业。总体而言，产业集群总产出的规模分布基本上能够说明中国制造业集群的规模分布状况。

表4-3 中国制造业产业集群规模分布指标位次

位次	产业集群总产出	产业集群行业间投入	产业集群行业间产出	产业集群内交易量
1	金属冶炼及压延加工业	金属冶炼及压延加工业	金属冶炼及压延加工业	金属冶炼及压延加工业
2	化学工业	石油加工、炼焦及核燃料加工业	化学工业	化学工业
3	通用、专用设备制造业	通用、专用设备制造业	石油加工、炼焦及核燃料加工业	通用、专用设备制造业
4	石油加工、炼焦及核燃料加工业	化学工业	通用、专用设备制造业	石油加工、炼焦及核燃料加工业
5	交通运输设备制造业	食品制造及烟草加工业	食品制造及烟草加工业	交通运输设备制造业

续表

位次	产业集群 总产出	产业集群 行业间投入	产业集群 行业间产出	产业集群 内交易量
6	食品制造及烟草加工业	交通运输设备制造业	交通运输设备制造业	食品制造及烟草加工业
7	非金属矿物制品业	非金属矿物制品业	非金属矿物制品业	金属制品业
8	电气机械及器材制造业	电气机械及器材制造业	金属制品业	通信设备、计算机及其他电子设备制造业
9	通信设备、计算机及其他电子设备制造业	金属制品业	电气机械及器材制造业	电气机械及器材制造业
10	金属制品业	通信设备、计算机及其他电子设备制造业	通信设备、计算机及其他电子设备制造业	纺织业
11	造纸印刷及文教体育用品制造业	纺织服装鞋帽皮革羽绒及其制品业	造纸印刷及文教体育用品制造业	非金属矿物制品业
12	纺织服装鞋帽皮革羽绒及其制品业	木材加工及家具制造业	纺织业	造纸印刷及文教体育用品制造业
13	纺织业	纺织业	木材加工及家具制造业	废弃资源和废旧材料回收加工业
14	木材加工及家具制造业	造纸印刷及文教体育用品制造业	纺织服装鞋帽皮革羽绒及其制品业	木材加工及家具制造业
15	仪器仪表及文化办公用机械制造业	仪器仪表及文化办公用机械制造业	废弃资源和废旧材料回收加工业	纺织服装鞋帽皮革羽绒及其制品业
16	废弃资源和废旧材料回收加工业	工艺品及其他制造业	仪器仪表及文化办公用机械制造业	仪器仪表及文化办公用机械制造业
17	工艺品及其他制造业	废弃资源和废旧材料回收加工业	工艺品及其他制造业	工艺品及其他制造业

资料来源：根据《中国统计年鉴（2011）》及《中国工业经济统计年鉴（2011）》资料整理而得。

　　产业集群技术经济结构是反映产业集群内行业间经济联系与联系方式的技术经济数量比例关系，即产业集群行业之间的投入产出的量化比例关系，它是从量的方面反映产业集群行业结构关联。

不同行业对技术的消化吸收能力往往有很大的不同,各行业间的投入结构和产出结构存在着巨大的差异,表现出不同的技术经济结构特征。就上述制造业产业集群内 17 个行业而言,排名前五位的行业总产出就占全部总产出的 65.08%。中国制造业产业集群的技术经济结构状况研究不仅是产业集群行业结构调整和经济增长的基础,而且也是我国产业结构调整和经济增长的基础。

(二)产业集群行业结构关联

产业集群行业结构关联状况可以利用下面两个指标进行分析:其一是行业的产业集群内投入量与该行业的行业间投入量的比值,一个行业该比值越高,则该行业就越依赖产业集群中其他行业;其二是行业的产业集群内产出量与该行业的行业间产出量的比值,该比值越高,该行业的产出被该产业集群的其他成员吸收的就越多。若某行业上述两个比值均较高,则表明该行业集群内结构关联水平较高,否则产业集群内行业结构关联水平较低(见表4-4)。

表 4-4　制造业产业集群行业结构关联状况

行业构成	群内投入量	行业间投入量	比值	群内产出量	行业间产出量	比值
食品制造及烟草加工业	426.70	1157.42	0.3687	396.28	1586.41	0.2498
纺织业	120.86	173.61	0.6962	242.15	519.28	0.4663
纺织服装鞋帽皮革羽绒及其制品业	228.15	305.28	0.7474	97.78	294.63	0.3319
木材加工及家具制造业	176.66	268.89	0.6570	136.82	404.37	0.3383
造纸印刷及文教体育用品制造业	108.45	146.58	0.7399	156.86	618.50	0.2536
石油加工、炼焦及核燃料加工业	448.87	1895.25	0.2368	622.67	2073.37	0.3003
化学工业	1000.25	1368.06	0.7311	1357.53	3608.12	0.3762
非金属矿物制品业	352.81	666.95	0.5290	241.53	1308.52	0.1846
金属冶炼及压延加工业	1435.68	2358.82	0.6086	2201.39	5255.69	0.4189
金属制品业	360.07	439.96	0.8184	366.73	1011.61	0.3625
通用、专用设备制造业	1308.91	1572.75	0.8322	770.04	1900.99	0.4051

续表

行业构成	群内投入量	行业间投入量	比值	群内产出量	行业间产出量	比值
交通运输设备制造业	939.00	1092.42	0.8596	497.39	1421.62	0.3499
电气机械及器材制造业	559.04	655.81	0.8524	278.82	921.31	0.3026
通信设备、计算机及其他电子设备制造业	313.15	438.95	0.7134	305.29	733.46	0.4162
仪器仪表及文化办公用机械制造业	73.48	90.56	0.8114	48.71	223.00	0.2184
工艺品及其他制造业	27.17	47.55	0.5714	23.50	65.36	0.3595
废弃资源和废旧材料回收加工业	6.77	10.91	0.6203	142.53	285.24	0.4997

资料来源:根据《中国统计年鉴(2011)》及《中国工业经济统计年鉴(2011)》资料整理而得。

从表4-4数据中可以看出,制造业产业集群内部17个行业间的结构关联水平都比较低,彼此间关联性不强,特别是石油加工、炼焦及核燃料加工业、食品制造及烟草加工业的关联水平更是位居末位。

(三)产业集群技术经济结构关联程度

产业集群技术经济结构要以集群的生产技术水平为基础,并且集群内行业间的相互关联程度也对这一结构产生影响。分析产业集群的经济结构就需要对行业间的影响力系数和感应度系数两个指标进行分析,测度产业集群行业间的总关联程度。

利用投入产出里昂惕夫逆矩阵的原理分别对投入产出表中,2位数行业的42个部门进行测算,得到影响程度、影响力系数、感应程度、感应度系数几个结果(见表4-5)。

影响力系数所反映的是某一部门增加一个单位最终需求时,对国民经济各部门所产生的生产需求波及程度。影响力系数大于1,表示该部门的生产对其他部门的生产所产生的生产波及影响程度超过社会平均影响力水平。影响力系数越大,说明该部门对其他部门的拉动作用就越大,该部门与其他部门的后向总关联程度越深。影响力系数越大,也说明行业的中间消耗越大。

感应度系数反映了国民经济各部门增加一个单位最终需求时,某一部门由此而受到的需求感应程度。感应度系数大于1,表示该部门受到的感应程度高于社会平均感应度水平。感应度系数小于1,表示该部门受到的感应程度低于社会平均水平。感应系数越大,表示该部门受到其他部门需求的影响越大,该部门与其他部门的前向总关联程度越深。感应度系数越大,也说明行业的中间需求也较大。

表 4-5　中国制造业产业集群影响力与感应度

行业构成	影响程度	影响力系数	感应程度	感应度系
食品制造及烟草加工业	0.6286	0.8909	0.7101	1.0064
纺织业	0.9781	1.3863	0.8352	1.1838
纺织服装鞋帽皮革羽绒及其制品业	0.5170	0.7327	0.9405	1.3330
木材加工及家具制造业	0.8263	1.1712	1.1179	1.5844
造纸印刷及文教体育用品制造业	0.7596	1.0767	0.7292	1.0335
石油加工、炼焦及核燃料加工业	0.4763	0.6751	0.6532	0.9257
化学工业	1.2349	1.7502	1.4056	1.9921
非金属矿物制品业	0.6501	0.9214	0.7189	1.0189
金属冶炼及压延加工业	0.9855	1.3968	0.0583	0.0827
金属制品业	0.4448	0.6305	0.6404	0.9077
通用、专用设备制造业	0.6715	0.9518	0.5120	0.7256
交通运输设备制造业	0.9194	1.3031	0.8922	1.2646
电气机械及器材制造业	0.4094	0.5803	0.5560	0.7880
通信设备、计算机及其他电子设备制造业	1.5803	2.2397	0.8635	1.2239
仪器仪表及文化办公用机械制造业	0.2889	0.4095	0.8700	1.2331
工艺品及其他制造业	0.4121	0.5841	0.9653	1.3681
废弃资源和废旧材料回收加工业	1.0702	1.5168	1.0553	1.4958

资料来源:根据《中国统计年鉴(2011)》及《中国工业经济统计年鉴(2011)》资料整理而得。

从表 4-5 可以看出,制造业产业集群中影响力系数按从高到低的排序依次为:通信设备、计算机及其他电子设备制造业(1.5803,2.2397)、化学工业(1.2349,1.7502)、废弃资源和废旧材料回收加工业(1.0702,1.5168)、金属冶炼及压延加工业(0.9855,1.3968)、纺织业(0.9781,1.3863)、交通运输设备制造业(0.9194,1.3031)、木材加工及家具制造业(0.8263,1.1712)、造纸印刷及文教体育用品制造业(0.7596,1.0767)、通用、专用设备制造业(0.6715,0.9518)、非金属矿物制品业(0.6501,0.9214)、食品制造及烟草加工业(0.6286,0.8909)、纺织服装鞋帽皮革羽绒及其制品业(0.5170,0.7327)、石油加工、炼焦及核燃料加工业(0.4763,0.6751)、金属制品业(0.4448,0.6305)、工艺品及其他制造业(0.4121,0.5841)、电气机械及器材制造业(0.4094,0.5803)、仪器仪表及文化办公用机械制造业(0.2889,0.4095)。

就感应度系数而言,感应度系数较大的行业依次是:化学工业(1.4056,1.9921)、木材加工及家具制造业(1.1179,1.5844)、废弃资源和废旧材料回收加工业(1.0553,1.4958)、工艺品及其他制造业(0.9653,1.3681)、纺织服装鞋帽皮革羽绒及其制品业(0.9405,1.3330)、交通运输设备制造业(0.8922,1.2646)、仪器仪表及文化办公用机械制造业(0.8700,1.2331)、通信设备、计算机及其他电子设备制造业(0.8635,1.2239)、纺织业(0.8352,1.1838)、造纸印刷及文教体育用品制造业(0.7292,1.0335)、非金属矿物制品业(0.7189,1.0189)、食品制造及烟草加工业(0.7101,1.0064)、石油加工、炼焦及核燃料加工业(0.6532,0.9257)、金属制品业(0.6404,0.9077)、电气机械及器材制造业(0.5560,0.7880)、通用、专用设备制造业(0.5120,0.7256)、金属冶炼及压延加工业(0.0583,0.0827)。

影响力系数和感应度系数都大于1的行业有:纺织业、木材加工及家具制造业、造纸印刷及文教体育用品制造业、化学工业、交通运输设备制造业、通信设备、计算机及其他电子设备制造业和废弃资源和废旧材料回收加工业。这些行业与国民经济中其他行业部门的总关联程度很高,这些行业是制造业产业集群内部产业结构调整的重点。

(四)产业集群技术经济结构关联聚合质量分析

产业集群技术经济结构行业间关联聚合质量是指行业间的耦合状态以及由此决定的系统整体性功能。它是从技术经济结构关联整体性角度来考察产业集群内行业间相互依赖的耦合状态。度量产业集群技术经济结构关联聚合质量的指标有 3 个:比例不平衡度、生产诱发系数、最终需求依赖度系数。

第一,不平衡度分析。

国民经济各部门之间存在着投入产出的数量比例关系,这种数量比例关系反映了部门之间的供求关系,从而反映了产业结构关联整体性功能。从某一部门看,反映了其产出量与其他部门需求量的相对平衡关系。反映这种相对平衡关系的指标可以用比例不平衡度来表示。对于某一行业来说,该数值越大,表示行业间结构关联的整体性越低(见表4-6)。

表4-6　中国制造业产业集群最终需求不平衡度系数

行业构成	总消费	总投资	净出口	总需求
食品制造及烟草加工业	0.7816	31.3643	66.7570	0.5457
纺织业	-7.6980	79.7038	1.3067	1.9527
纺织服装鞋帽皮革羽绒及其制品业	1.3136	-55.2564	1.4670	0.1716
木材加工及家具制造业	-19.1600	58.5134	1.9226	2.1009
造纸印刷及文教体育用品制造业	-5.3694	31.8932	6.5479	-22.4080
石油加工、炼焦及核燃料加工业	-69.3871	20.6465	-40.8241	44.1818
化学工业	-9.6351	-11.2244	-7.8973	-6.8875
非金属矿物制品业	-68.1612	-2.0892	13.9336	-2.1026
金属冶炼及压延加工业	-57.8037	-3.3895	-31.1949	-3.2549
金属制品业	9426.2461	-7.8695	3.6726	-50.0660
通用、专用设备制造业	-26.5328	0.7165	-20.4798	0.3952
交通运输设备制造业	11.3258	0.7540	416.7829	0.2476
电气机械及器材制造业	15.9111	25.9376	5.1432	1.9289
通信设备、计算机及其他电子设备制造业	11.5590	3.7074	2.2547	-0.3338
仪器仪表及文化办公用机械制造业	-9.0628	3.5909	-6.3018	0.0560
工艺品及其他制造业	2.6098	6.1152	3.2617	0.5577
废弃资源和废旧材料回收加工业	3.0462	-0.1553	-1.5068	-0.0812

资料来源:根据《中国统计年鉴(2011)》及《中国工业经济统计年鉴(2011)》资料整理而得。

由表4-6看出,最终需求不平衡度系数介于±0.5之间的行业有:纺织服装鞋帽皮革羽绒及其制品业、通用、专用设备制造业、交通运输设备制造业、通信设备、计算机及其他电子设备制造业、仪器仪表及文化办公用机械制造业和废弃资源和废旧材料回收加工业,这些行业技术经济结构整体性功能最高,聚合质量最好;最终需求不平衡度系数介于±0.5至±1之间的行业是:食品制造及烟草加工业和工艺品及其他制造业,这两个行业的实际最终需求与按技术经济水平生产的最终需求的偏差范围在50%~100%。这些行业技术经济结构整体性功能较好,聚合质量较好。最终需求不平衡度系数在±1之外的行业,整体性功能最差,聚合质量最低,代表行业有纺织业、木材加工及家具制造业、造纸印刷及文教体育用品制造业、石油加工、炼焦及核燃料加工业、化学工业、非金属矿物制品业、金属冶炼及压延加工业、金属制品业和电气机械及器材制造业。总体上来看,制造业产业集群内部各行业聚合效果基本呈现两极分布,聚合质量分布比例为1:0.3:1.5。

就消费不平衡度系数而言,消费不平衡度系数介于±0.5至±1之间的行业只有食品制造及烟草加工业,实际最终需求与按技术经济水平生产的最终需求的偏差范围在50%~100%。该行业技术经济结构整体性功能较好,聚合质量较好。其余各行业的不平衡度系数均分布于±1之外,这些行业技术经济结构整体性功能最差,聚合质量最低。

就投资不平衡度系数而言,投资不平衡度系数介于±0.5之间的行业只有废弃资源和废旧材料回收加工业,该行业技术经济结构整体性功能最高,聚合质量最好。通用、专用设备制造业和交通运输设备制造业的不平衡度系数值在±0.5至±1之间,它们的实际最终需求与按技术经济水平生产的最终需求的偏差范围在50%~100%。这些行业技术经济结构整体性功能较好,聚合质量较好。其余行业的不平衡度系数值则分布在±1之外,这部分行业整体性功能最差,聚合质量最低。

就净出口不平衡度系数而言,所选取的行业净出口不平衡度系数全部分布在±1之外,它们的净出口引发的整体性功能最低,聚合质量差。

第二,生产诱发系数分析。

生产诱发系数表示某一单位最终需求所诱发的各部门的生产额,反映最终需求项目(如消费、投资、进出口)诱发各产业部门生产的作用力大小程度的指标。对于具体行业部门来说,生产诱发系数越大,它的生产波及效果就越大,说明最终需求对该行业成长的拉动作用就越大,需要更多的生产来满足。

从表4-7可以看出,就最终需求的生产诱发系数而言,它对石油加工、炼焦及核燃料加工业的生产诱发程度最高,生产诱发程度较高的行业分别是石油加工、炼焦及核燃料加工业、木材加工及家具制造业、纺织业、电气机械及器材制造业、工艺品及其他制造业、食品制造及烟草加工业、通用、专用设备制造业、交通运输设备制造业、纺织服装鞋帽皮革羽绒及其制品业和仪器仪表及文化办公用机械制造业。

从消费生产诱发系数看,它对金属制品业的生产诱发程度最高,生产诱发程度较高的行业分别是电气机械及器材制造业、通信设备、计算机及其他电子设备制造业、交通运输设备制造业、废弃资源和废旧材料回收加工业、工艺品及其他制造业、纺织服装鞋帽皮革羽绒及其制品业和食品制造及烟草加工业。就居民消费和政府消费而言,消费对产业集群的刺激作用明显不同。居民消费诱发系数较大的行业分别是石油加工、炼焦及核燃料加工业、木材加工及家具制造业、电气机械及器材制造业、通信设备、计算机及其他电子设备制造业、交通运输设备制造业、废弃资源和废旧材料回收加工业、工艺品及其他制造业、纺织服装鞋帽皮革羽绒及其制品业和食品制造及烟草加工业等;而政府消费诱发系数较大的行业分别是金属制品业、纺织业、食品制造及烟草加工业、金属冶炼及压延加工业和废弃资源和废旧材料回收加工业等。就农村消费来说,消费诱发系数较大的行业分别是木材加工及家具制造业、电气机械及器材制造业、交通运输设备制造业、通信设备、计算机及其他电子设备制造业、废弃资源和废旧材料回收加工业、工艺品及其他制造业、纺织服装鞋帽皮革羽绒及其制品业和食品制造及烟草加工业等;而城镇消费诱发系数较大的行业分别是石油加工、炼焦及核燃料加工业、木材加工及家具制造业、电气机械及器材制造业、通信设备、计算机及其他电子设备制造业、交通运输设备制造业、废弃资源和废旧材料回收加工业、工艺品及其他制造业、纺织服装鞋帽皮革羽绒及其制品业和食品制造及烟草加工业等。

从投资生产诱发系数看,它对纺织业的生产诱发程度最高,其余依次是木材加工及家具制造业、造纸印刷及文教体育用品制造业、食品制造及烟草加工业、电气机械及器材制造业、石油加工、炼焦及核燃料加工业、工艺品及其他制造业、通信设备、计算机及其他电子设备制造业、仪器仪表及文化办公用机械制造业、交通运输设备制造业和通用、专用设备制造业。

就出口诱发系数而言,它对非金属矿物制品业的生产诱发程度最高,出口诱发作用较大的行业分别是、化学工业、食品制造及烟草加工业、金属制品业、交通运输设备制造业、造纸印刷及文教体育用品制造业、通用、专用设备制造业、工艺品及其他制造业、电气机械及器材制造业、木材加工及家具制造业、纺织服装鞋帽皮革羽绒及其制品业和纺织业等。

第三,最终需求依赖度系数分析。

各行业部门对最终需求的依赖度是指最终需求某项对生产的诱发额与最终需求各项对生产的诱发额合计的比值,反映各产业部门的生产对最终需求项目的依赖程度大小的指标。该指标越大,说明行业生产对最终需求的依赖度就越大,生产必须适应需求的变化。此外,该系数的大小也反映了各类最终需求对某部门增加值的需求贡献,即某一部门的增加值的实现有多少是通过满足消费需求来实现,又有多少是通过满足投资需求和出口需求来实现。对于具体行业而言,有助于我们选择刺激某行业进而产业集群的增长,是有赖于消费,还是依赖投资或出口需求的刺激更为有效。

在表4-8中,金属制品业对消费需求的依赖度最高,依赖度为0.9984,对投资和出口的依赖度分别是0.0008和0.0007。此外,通用、专用设备制造业、通信设备、计算机及其他电子设备制造业、仪器仪表及文化办公用机械制造业、交通运输设备制造业和非金属矿物制品业的消费需求依赖度均在0.6以上。依赖投资需求的行业中纺织服装鞋帽皮革羽绒及其制品业、纺织业、造纸印刷及文教体育用品制造业、木材加工及家具制造业和食品制造及烟草加工业依赖度较高,基本在0.6348以上。依赖出口的行业中金属冶炼及压延加工业的依赖度最高,为0.6906。

表4-7　中国制造业产业集群生产诱发系数

行业构成	农村居民消费	城镇居民消费	居民消费	政府消费	总消费	固定资本	存货增加	总投资	出口	最终需求
食品制造及烟草加工业	6.1434	1.4184	0.8067	127.1730	0.7816	-298.7086	28.1909	31.3643	17.2624	0.5457
纺织业	-56.8738	-8.4116	-7.5436	282.9783	-7.6980	203.8983	132.1465	79.7038	1.1027	1.9527
纺织服装鞋帽皮革羽绒及其制品业	11.3080	1.6602	1.1874	-41.1070	1.3136	-39.4935	131.4951	-55.2564	1.2741	0.1716
木材加工及家具制造业	169.7890	36.2436	29.5760	-12.3932	-19.1600	94.0535	158.1714	58.5134	1.7720	2.1009
造纸印刷及文教体育用品制造业	-44.3330	-15.7137	-11.9840	-8.2556	-5.3694	39.6263	171.8058	31.8932	5.5897	-22.4080
石油加工、炼焦及核燃料加工业	-401.0552	54.2698	63.1297	-34.0950	-69.3871	17.7417	-140.6657	20.6465	-106.9158	44.1818
化学工业	-176.2470	-27.3555	-23.9101	-14.8887	-9.6351	-10.3635	110.2101	-11.2244	21.8514	-6.8875
非金属矿物制品业	-1451.5620	-100.1461	-93.8030	-244.0703	-68.1612	-2.0881	1040.3340	-2.0892	37.4088	-2.1026
金属冶炼及压延加工业	-220.1087	-48.4614	-40.0112	123.5453	-57.8037	-3.3266	87.3427	-3.3895	-136.5595	-3.2549
金属制品业	-471.8536	-2825.1044	-404.5681	386.0010	9426.2461	-7.6054	170.7902	-7.8695	6.9947	-50.0660
通用、专用设备制造业	-161.0428	-45.6169	-35.8902	-96.2018	-26.5328	0.7324	185.6163	0.7165	4.7701	0.3952
交通运输设备制造业	44.4534	10.7268	8.3218	-39.2495	11.3258	0.8674	27.8682	0.7540	5.6537	0.2476

续表

行业构成	农村居民消费	城镇居民消费	居民消费	政府消费	总消费	固定资本	存货增加	总投资	出口	最终需求
电气机械及器材制造业	66.6086	21.0031	15.6005	-904.8858	15.9111	36.0301	97.8354	25.9376	3.0788	1.9289
通信设备、计算机及其他电子设备制造业	44.1656	13.2283	9.8198	-79.1328	11.5590	3.9944	80.9214	3.7074	-0.1729	-0.3338
仪器仪表及文化办公用机械制造业	-185.5891	-24.6590	-21.9711	-14.0991	-9.0628	3.7054	187.5539	3.5909	0.1721	0.0560
工艺品及其他制造业	26.7054	2.9796	2.4797	-97.5511	2.6098	7.3143	48.3363	6.1152	3.4564	0.5577
废弃资源和废旧材料回收加工业	38.4726	8.6900	6.7801	7.4309	3.0462	-0.1889	-21.3772	-0.1553	-3.9187	-0.0812

资料来源:根据《中国统计年鉴(2011)》及《中国工业经济统计年鉴(2011)》资料整理而得。

表4-8 中国制造业产业集群最终需求的依赖度

行业构成	总消费	总投资	出口
食品制造及烟草加工业	0.0158	0.6348	0.3494
纺织业	0.0870	0.9006	0.0125
纺织服装鞋帽皮革羽绒及其制品业	0.0227	0.9553	0.0220
木材加工及家具制造业	0.2412	0.7365	0.0223
造纸印刷及文教体育用品制造业	0.1253	0.7443	0.1304
石油加工、炼焦及核燃料加工业	0.3523	0.1048	0.5429
化学工业	0.2256	0.2628	0.5116
非金属矿物制品业	0.6331	0.0194	0.3475
金属冶炼及压延加工业	0.2923	0.0171	0.6906
金属制品业	0.9984	0.0008	0.0007
通用、专用设备制造业	0.8286	0.0224	0.1490
交通运输设备制造业	0.6387	0.0425	0.3188
电气机械及器材制造业	0.3542	0.5773	0.0685
通信设备、计算机及其他电子设备制造业	0.7487	0.2401	0.0112
仪器仪表及文化办公用机械制造业	0.7066	0.2800	0.0134
工艺品及其他制造业	0.2142	0.5020	0.2837
废弃资源和废旧材料回收加工业	0.4278	0.0218	0.5504

资料来源：根据《中国统计年鉴（2011）》及《中国工业经济统计年鉴（2011）》资料整理而得。

第二节 制造业产业集群优势的博弈分析

制造业产业集群的发展是一个动态的演变过程，将博弈理论应用到产业集群的优势分析上，重点是研究集群的静态均衡和比较静态均衡。

在前面章节，我们主要研究了韦伯的工业区位理论、马歇尔的外部经济和克鲁格曼的新经济地理学理论对产业集群产生和形成的作用机理，在一定程度上解释了产业集聚的原因。但这些理论大都把关注的焦点放在企业在区域集中生产的优势上，没有描述可能导致集中的过程；也没有注意到，在不同经济效率下，产业集群集中的程度与持续性是不同的。

在国际经济一体化的形势下，信息是不完全、不对称的，竞争也是不完全的。传统的完全竞争的市场经济理论无法就此作出合理的解释。博弈论放宽了经济管理研究的约束条件,给经济管理研究提供了新的方法论。博弈论把复杂的客体当做系统,当一系统与另一系统发生直接相互作用,能针对另一系统的即时行为作出相应。在博弈中,任何局中人的战略与支付都不可能独立存在,这进一步促使人们认识到系统要素之间以及系统与环境之间的相关性。

一、模型的建立和分析

在模型中,假设:第一,一个区域内相似或相互联系的产业中有 n 个企业,企业与企业之间存在着产业技术链、价值链、供应链等前后向的联系。第二,企业根据参与或不参与产业集群的收益而自由作出决策。第三,区域内的企业具有有限理性。有限理性意味着市场上的企业不会一开始就找到有关产业集群的最优策略,而是必须通过对其他企业的学习与模仿过程,通过试错找出较好的策略;同时,有限理性也意味着市场上可能有部分企业在关于产业集群的选择时不会采用理性的均衡策略,产业集群的博弈均衡需要不断调整和改进,而不是一次性选择的结果,而且就算达到了均衡也可能再次偏离。

我们假设有企业 A 和企业 B 参与博弈,企业参与产业集群的收益可用支付矩阵表示(如图所示),其中,a 表示为企业 A、B 都参与产业集群时企业 A 的收益,或企业 A、B 都参与产业集群时企业 B 的收益;b 表示为企业 B 不参与产业集群而 A 参与时企业 A 的收益,或企业 A 不参与产业集群而 B 参与时企业 B 的收益;c 表示为企业 B 参与产业集群而 A 不参与时企业 A 的收益,或企业 A 参与产业集群而 B 不参与时企业 B 的收益;d 表示为企业 A、B 都不参与产业集群时企业 A 的收益,或企业 A、B 都不参与产业集群时企业 B 的收益。

由于有限理性的存在,企业对自己两种行为得益的具体数值并不清楚,因此,上述博弈并不存在可以指明的纳什均衡。现在假设在一国市场上,共有 n 家企业,企业的理性是有限的,最佳的决策的作出需要一个学习的过程。若有比例为 x 的企业采取参与产业集群的战略,则不参与产业集群的企业的比例为 $(1-x)$,我们用 u_y 表示参与产业集群的收益,用 u_n 代表采取不跟随企业的收益,相应地有:

$$u_y = x \cdot a + (1-x) \cdot b \tag{1}$$

此式表示 x 那部分企业参与集群时参与的企业所获得的收益,加上 $(1-x)$ 那部分企业不参与集群时参与的企业所获得的收益,所以 u_y 表示参与产业集群的收益。

$$u_n = x \cdot c + (1-x) \cdot d \qquad (2)$$

该式表示 x 那部分企业参与集群时不跟随的企业获得的收益,加上 $(1-x)$ 那部分企业不参与集群时不跟随的企业所获得的收益,所以 u_n 表示采取不跟随企业的收益。

整个产业集群内企业的平均期望收益为 $\bar{u}$

$$\bar{u} = x \cdot u_y + (1-x) \cdot u_n \qquad (3)$$

即根据数学期望的定义,所有参与产业集群的收益 u_y 乘以那部分参与的企业的比例 x,加上采取不跟随企业的收益 u_n 乘以那部分不跟随的企业的比例 $(1-x)$ 就为平均期望收益。

在这里,我们应该看到,采取参与产业集群策略的企业在整个市场上企业中所占比例 x 的数值并不是固定不变的。由于有限理性,市场上的企业在初始阶段可能会在参与与不参与这两种策略中进行一定程度的随机选择,但在市场竞争过程中,对市场效率的追求将迟早会使得企业认识到两种策略之间的收益差别,从而改变自己的策略选择。因此,参与产业集群的企业在所有企业中所占的比例 x 会随着时间的变化而变化,变化的速度取决于竞争企业模仿和学习速度的快慢,而模仿和学习速度的快慢受到模仿的难度和激励的强度的影响。也就是说,如果市场上采取加入产业集群策略的企业的数量越多,以及采取参与产业集群策略所带来的收益越大,则模仿与示范效应就越大,企业由不参与产业集群到参与产业集群的转变就越快。可以将参与产业集群的企业比例的转变过程用动态微分方程表示如下:

$$\frac{dx}{dt} = F(x) = x(u_y - \bar{u}) \qquad (4)$$

分别将 u_y 和 $\bar{u}$ 代入上式,得:

$$\frac{dx}{dt} = F(x) = x(1-x)\left[x(a-c) + (1-x)(b-d)\right] \qquad (5)$$

而 $\frac{dx}{dt}$ 表示 x 随时间 t 的变化率,x 与企业的数量有关;$(u_y - u)$ 是参与

集群的企业所获得的收益差,与所带来的收益有关,所以根据理论与实际的差异,还需要乘一个系数。

令 $F(x) = 0$ 可得上述动态微分方程的进化稳定策略有三个: $x_1 = 0$, $x_2 = 1$ 以及 $x_3 = \dfrac{d - b}{a - b - c + d}$。即如果市场上采取加入产业集群策略的企业的数量越多,以及采取参与产业集群策略所带来的收益越大,则模仿与示范效应就越大,企业由不参与产业集群到参与产业集群的转变就越快。从进化博弈的角度来看,一个进化稳定策略必须能够抗拒外界微小的扰动而具有收敛性,从而使得博弈的稳定策略是"稳健的"。根据微分方程的稳定性原理,从数学意义上看,动态微分方程在其稳态处的导数 $F'(x_i)$ 应该为负数,因此,在产业集群形成与发展的进化博弈中,对于采取不同策略的收益 a, b, c, d,$F'(x_i)$ 有不同的表现形式,可以将其分为四种:

第一种情况,微分方程 $F(x) = 0$ 只有两个解: $x_1 = 0$, $x_2 = 1$,其中,$F'(0) > 0$, $F'(1) < 0$,因此,只有唯一的 $x_2 = 1$ 是进化稳定策略。其含义是说,在一定的技术经济条件下的市场竞争过程中,即使在初始时,市场上所有的企业都不采取在地理上相互集中的策略,随着时间的推移,这些企业会在实践中发现相互之间合作比不合作能够带来更大的收益或竞争优势,而逐渐改变自己的策略,直到所有的企业都参与产业集群,达到最终的稳定状态。这种情况是一个极端的例子。我们在现实中可以看到,虽然有硅谷和中关村信息产业集群、意大利服装产业集群、浙江义乌的五金产业集群以及其他不出名的产业集群,但产业集群并不能囊括所有的企业,总有一些企业游离于产业集群之外。也就是说,在现实中,相对稳定的常态并非所有的企业都参与产业集群,而是有一部分参与,另一部分不参与。因此,第一种情况提供给我们理解现实的一个参照系。

第二种情况,也是一个极端的情况,与第一种情况一样,在这种情况下微分方程 $F(x) = 0$ 只有两个解: $x_1 = 0$, $x_2 = 1$,所不同的是, $F'(0) < 0$,$F'(1) > 0$,因此,在这种情况下 $x_2 = 0$ 成为唯一的进化稳定策略。其经济意义恰好与第一种情况相反,是指在一定的技术经济环境下,市场竞争中的企业如果采取在地理上集中的策略,如果不能带来市场竞争优势,就算初始阶段所有的企业都集中在一定的区域内,市场竞争的效率检验以及企业之间对利润的追求,通过学习和模仿过程也会使得产业集群中的企业逐渐改变策略,最终收敛于所有的企业都不参与产业集群的策略。与第一种情况一样,这也是我们理解现实中产业集群的一个参照系。

第三种情况,动态微分方程有三个解: $x_1 = 0$, $x_2 = 1$, $0 < x_3 < 1$, $F'(0) > 0$, $F'(1) > 0$, $F'(x_3) < 0$,因此,只有 x_3 是进化稳定策略。在经济学意义上是说,无论初始情况下采取参与产业集群策略的企业在市场上所占比例如何,随着时间的推移,市场上参与产业集群的企业的比例将稳定在 $\dfrac{d-b}{a-b-c+d}$ 之上,反过来说,有 $1 - \dfrac{d-b}{a-b-c+d} = \dfrac{a-c}{a-b-c+d}$ 比例的企业将不参与产业集群。

这与现实是相符的,在现实中,有一部分企业采取参与产业集群的策略,而另一部分企业则采取不参与产业集群的策略。如前所述,这不但与产业集群企业的互补程度有关,也与产业集群所在行业的特点有关,技术经济环境演化的越复杂、越是需要通力合作的行业,企业间合作的愿望就越高, $\dfrac{d-b}{a-b-c+d}$ 也就越是接近1。

第四种情况,微分方程的解与第三种情况相同,也有 $x_1 = 0$, $x_2 = 1$, $0 < x_3 < 1$ 三个解,所不同的是, $F'(0) < 0$, $F'(1) < 0$, $F'(x_3) > 0$。因此, $x_1 = 0$, $x_2 = 1$ 是进化稳定策略, x_3 不是进化稳定策略。第四种情况有着与第三种情况十分不同的经济学含义,强调了对初始条件的依赖性。当在初始条件下, $0 < x < \dfrac{d-b}{a-b-c+d}$ 时,随着时间的推移,采取参与产业集群策略的企业数量将收敛于0,而过了这个临界值,当 $\dfrac{d-b}{a-b-c+d} < 0 < 1$ 时,由于合作带来的剩余增加,采取参与产业集群策略的企业在市场中所有企业中所占的比例将收敛到1。当在临界值上, $x = \dfrac{d-b}{a-b-c+d}$ 时,进化方向将具有不确定,其方向取决于偶然的随机扰动因素。

在我们所讨论的这四种情况中,根据经济发展的历史经验来看,第二种和第四种情况不符合事实。因此我们在这里集中讨论第一种和第三种情况:在经济发展的不同阶段,产业集群的发展状况分别收敛于 x_3、x_2 和 x_1。其中 x_3

$< x_2 < 1$。假设在初始阶段,市场上采取在地理上集中策略的企业比例为 x_3,随着经济系统演化复杂程度的增加以及合作剩余的增加,产业集群中采取合作策略的企业比例将由 x_3 增加到新的进化稳定策略 x_3',到了极端情况下,所有的企业都采取合作的策略,进化稳定策略将增加到1,变成上述的第一种情况。如果从纵向来看,不同的进化稳定策略也代表着产业集群发展的不同水平。

这与韦伯等对产业集群中的积聚因素与分离因素研究的结论是一致的。当积聚因素超越分离因素的时候,产业集群就会发展壮大,当分离因素超越积聚因素的时候,产业集群就会受到抑制,甚至缩小。在博弈论框架下,就表现为产业集群中企业的决策收敛于不同的进化稳定策略。

二、博弈分析的基本结论

围绕获取竞争优势或经济效率,产业集群内部的企业进行反复的行为博弈,推动着产业集群的演化发展。通过上述分析,可以得出以下基本结论:

第一,获取更高的竞争优势是产业集群形成的根本原因。

在理性动机驱使下,企业会依据收益的不同而选择是否参与产业集群。由此可见,在经济非均衡情况下,追求经济效率的市场经济主体为了追求经济效率或者竞争优势,自主选择形成了产业集群。在参与产业集群能够给企业带来高收益的情况下,通过关键性企业的分立、裂变、衍生、仿效与吸引等,市场上参与集群的企业数量与比例才会增加,集群才能够逐步形成和发展。

第二,产业集群竞争优势的影响因素是复杂变化的。

除了产品运输成本、企业生产成本等这些马歇尔式的地理集中的外部经济外,企业集群所导致的地理集中促使公司间贸易联系而形成和交易成本的降低,以及人们之间关系、诚信和制度实践形成的高度地方网络,也可以影响企业对参与集群的成本与收益的判断,从而决定产业集群的演化方向与发展程度。

第三,产业集群的演化发展是积聚因素和分离因素的力量对比。

当积累因素超过分离因素的时候,产业集群就会发展壮大,表现在模型中是进化稳定策略向右收敛。当分离因素超过积累因素的时候,集群规模就会缩减。表现在模型中,是进化稳定策略向左收敛。当两种力量达到均衡时,产业集群发展达到均衡状态,对应于模型中的进化稳定策略。集聚因素和分离因素的相互作用,左右产业集群的演化方向和进程。

第四,产业集群的空间规模是其竞争优势的外在表现。

产业集群的扩大,反映出作为市场主体的企业通过参与集群获取收益的提高。但是,随着空间规模的扩大,产业集群内土地、资本、劳动力价格的上涨,以及企业之间功能性"锁定"带来的风险等因素,又会影响产业集群的竞争优势,制约产业集群的发展壮大。由此可见,产业集群不会随意无限发展。

第五,产业集群竞争优势的演化发展是在市场机制作用下由理性市场主体自然选择的结果。

产业集群竞争优势的来源机理,从整体上看是外部经济、规模经济和范围经济等,具体表现为产业集群内部企业成员之间机会主义行为的减少以及协作效率的提高,使得产业集群内部经济效率提高,收益增加,成本减少。企业与企业之间的合作产生 1+1 > 2 的效果。因此,促进产业集群的发展,最重要的是尊重市场规律,提高产业集群的经济效率。

第三节 我国制造业产业集群竞争力研究

一、我国制造业产业集群竞争力现状

制造业在中国的飞速发展源于 1978 年的改革开放,中国制造业在满足了国内人民群众日益增长的物质文化生活需求的同时,适时抓住了国际市场大发展的有利时机,以自身独特地资源优势和人力资本优势,迅速打开了国际市场。在利用两种资源、两个市场的有利形势下,国内制造业产业集群形成了完整的产业体系。中国制造业工业在竞争中逐渐形成了自身的竞争优势,主要表现在以下几个方面:

第一,国际市场占有率。国际市场占有率是指一国某一种产品的出口占世界该产品出口总额的百分比。国际市场占有率越高,说明其国际竞争优势越大。

第二,显示性比较优势指数。该指数是指一个国家某一种商品的出口额占其出口总额的份额与世界该类商品的出口额占世界出口额的百分比。显示性比较优势指数首先被美国经济学家贝拉·巴拉萨用于测算部分国家的贸易比较优势,之后被世界银行等组织普遍使用。一般而言,指数大于 2.5 时,表示该

产业在国际上具有极强的竞争优势;指数介于 1.25 和 2.5 之间时,表示该产业在国际上具有较强的竞争优势;指数介于 0.8 和 1.25 之间时,表示该产业在国际上具有中等竞争优势;指数小于 0.8 时,表示该产业在国际上不具有竞争优势。

第三,贸易竞争力指数。贸易竞争力指数是指一种产品的净出口与进出口总额的百分比。指数大于 0 时,表示该产业在国际上具有竞争力或处于比较优势;指数小于 0 时,表示该产业在国际上缺乏竞争力或处于比较劣势;指数等于 0 时,则为中性竞争力或中性的比较优势(见表4-9)。

表4-9　2009 年中国制造业国际竞争力

行业构成	国际市场占有率	显示性比较优势指数	贸易竞争力指数
食品制造及烟草加工业	3.68	0.34	0.16
纺织业	31.55	2.92	0.64
纺织服装鞋帽皮革羽绒及其制品业	35.25	3.27	0.88
木材加工及家具制造业	19.12	1.77	0.69
造纸印刷及文教体育用品制造业	13.76	1.28	0.38
石油加工、炼焦及核燃料加工业	3.10	0.29	-0.19
化学工业	7.66	0.71	0.03
非金属矿物制品业	9.90	0.92	0.16
金属冶炼及压延加工业	3.59	0.33	-0.54
金属制品业	13.55	1.26	0.36
通用、专用设备制造业	8.16	0.76	0.12
交通运输设备制造业	4.76	0.44	0.11
电气机械及器材制造业	18.49	1.71	0.39
通信设备、计算机及其他电子设备制造业	24.31	2.25	0.20
仪器仪表及文化办公用机械制造业	13.39	1.24	-0.26
工艺品及其他制造业	18.96	1.76	0.85
废弃资源和废旧材料回收加工业	0.20	0.02	-0.98

资料来源:《中国制造年度实力榜 2009—2010 行业国际竞争力指数》,《中国海关》,2010 年第 11 期。

二、回归模型的构建与计算

汽车工业具有制造业皇冠的地位,被称为"庞大的综合工业"或"工业中的工业",是一个国家经济实力、技术进步和民族特色的重要象征和表现,汽车工业的动向作为经济健康的标志受到工业化国家重视。因此,本文以我国汽车工业的竞争力现状为例进行分析,以求描述制造业行业的竞争力现状。

（一）回归分析的理论参考

关于竞争力和竞争优势的评价体系,国际上比较有名的是世界经济论坛（WEF）的“世界经济竞争力理论”、瑞士洛桑国际管理发展学院（IMD）的“国际竞争力理论”和美国迈克尔·波特的“钻石模型”。WEF 和 IMD 的竞争力评价体系包括区域经济实力竞争力分析、开放度竞争力分析、政府管理竞争力分析、金融体系竞争力分析、基础设施与环境竞争力分析、企业管理竞争力分析、科学与技术竞争力分析、国民素质竞争力分析等八个方面,共 200 多个指标。波特的“钻石模型”将企业的竞争优势或盈利能力用函数的形式表示:企业参与竞争的产业吸引力和企业在该产业中的相对位势。并且产业集群的竞争优势主要来自三个方面:一是外部经济性。二是广泛的市场、技术和竞争性信息会在聚集区域积累和流动,使区域公共信息资源外溢。三是产业集群能够降低企业进入（退出）的风险,促进区域事务的发展。

借鉴上述竞争优势评价指标体系,并结合制造业产业集群的发展特点,构建竞争优势的统计回归模型。在模型设计时,主要考虑以下因素:

首先,回归模型的自变量包括劳动成本、集群原料、集群网络、集群资源、集群创新、集群政策和国际贸易等 7 个方面。其中,生产要素包括劳动成本、集群原料与集群资源等,之所以分开进行研究,是因为各种生产要素的作用不同,价值也不同,对产业集群竞争优势的影响也不相同。把国际贸易单独作为一个变量,并进一步划分为贸易规模和贸易能力,将使我们对产业集群竞争优势的认识进一步深化。

其次,回归模型的因变量包括经济规模和获利能力等两个方面。客观地讲,产业集群竞争优势表现在两个方面:一是要在市场竞争中获利,如果没有获利,就谈不上竞争优势;二是产业集群是众多企业在特定区域的聚集,形成区域品牌,市场占有率高是其特点,必然反映在一定的经济规模上。

（二）回归分析的数据整理

第一,数据来源和范围。

制造业的数据来源于 2000—2010 年《中国工业经济统计年鉴》和《中国统计年鉴》,其他数据查询了国家统计局（www.stats.gov.cn）及相关省份的统计局和中宏数据库(www.macrochina.database.com.cn)。样本数据的时间节点为2000—2010年11年间的数据样本。

第二,统计单位。

根据中国制造业的现实情况和数据收集与整理角度的便捷准确,选取以省为单位,进行制造业产业集群竞争优势的回归分析。这样能够比较好的反映产业集群的发展情况,又便于数据的收集整理和计算分析。

第三,数据处理。

基础数据来自于各年份的中国统计年鉴,采用百分比保留小数点后8位数,以年为单位进行标准化处理,使量纲不同的指标值转化为可以直接进行计算分析的数值。对处理后的标准化数据进行相关分析,筛去相关性极高的指标,避免同一因素在评估中占有过大的份额,以保证回归结果的科学性和合理性。

(三)统计回归的模型设计

统计回归是计量经济学的一种基本的分析方法,根据经济发展的原始数据,利用专业的计算机软件,通过计算分析数量之间的关系,揭示经济发展的基本规律。在实际操作时,根据研究的需要,首先设计自变量和因变量,然后建立多元线性回归方程。

1.自变量

(1)劳动成本(LC)

汽车工业是资本与技术密集型产业,充足的资本与雄厚的技术支撑是发展汽车工业必不可少的要素。此外,在现代经济中劳动力价格影响着产业成本与经济效益,劳动成本在汽车工业中的重要作用也不容小觑。与发达国家相比,中国劳动力成本低、素质高,有较强的竞争优势。随着经济全球化的加快,中国劳动力成本的优势受到了越南、印度河墨西哥等国家的挑战,而且国内劳动力成本也呈现明显的区域差异。劳动成本可以用工资水平来衡量,其计算公式为:

劳动成本(LC)=(区域本年应付工资总额/区域全部从业人员年平均人数)/(全国本年应付工资总额/全国全部从业人员年平均人数)×100%

(2)集群网络(CN)

汽车工业需要用2万到3万个零部件,其中向外边加工订货和买进的占70%,汽车制造厂只生产剩下的30%。在汽车生产的产业链内,制造汽车需要大量的原材料,有钢材、有色金属、橡胶、塑料、玻璃、油漆、仪表机械、电子、电器、轻工制品、纺织品和石油产品等,这种汽车业对原材料工业部门的需求,就是汽车产业的后向关联;汽车业又为交通运输也提供汽车产品,是为汽车产业的前向关联。

各种生产要素和相关产业在特定区域聚集,形成集群网络。集群网络是生产网络、社会网络、创新网络和知识网络的统一,生产网络是集群网络的核心,一定程度上也能反映社会网络、创新网络和知识网络的状况。企业单位、从业人员、中介组织和科研机构等是产业集群竞争优势的外在表现,完整的产业链条才是产业集群竞争优势的内在基础。在汽车工业中,分别在上、中、下游产业中选取几个具有代表性的产品为研究样本,使汽车工业的价值链条和产业链条较为完整。鉴于每年的市场价格变化不一,这里用各区域原油、钢材、塑料、化学纤维、平板玻璃和汽车的产量及其在全国的比重,来反映集群网络的总体状况和发展水平。集群网络的计算公式为:

集群网络(CN)=(区域的原油产量/全国原油总产量×100%+区域的钢材产量/全国钢材总产量×100%+区域的塑料产量/全国塑料总产量×100%+区域的化学纤维产量/全国化学纤维总产量×100%)+区域的平板玻璃产量/全国平板玻璃总产量×100%+区域的汽车产量/全国汽车总产量×100%/6

(3)集群资源(CR)

战略管理理论认为,资源的性质、规模和大小对产业集群的竞争优势起决定性作用。在一个产业集群中,聚集了各种各样的资源,既有无形资源,也有有形资源;既有物资资源,又有人力资源、知识资源和文化资源等。由于无形资产、文化资源和知识资源等无法用具体数据衡量,这里选用集群的物质资源、人力资源和资产素质等指标,从数量和质量两个方面衡量集群资源,反映我国汽车工业的发展状况。其中,物资资源包括固定资产和流动资产等,这里用各区域汽车工业的固定资产合计加上流动资产合计来衡量;人力资源主要是产业集群的人才结构,用各区域的专业技术人才数来反映;资产素质状况可以用工业增加值与生产经营用固定资产的比值来衡量。集群资源的计算公式为:

集群资源(CR)=(区域汽车工业物资资源/全国汽车工业物资资源×100%+区域工业增加值/区域生产经营用固定资产×100%+区域专业技术人才数/全国专业技术人员总数×100%)/3

（4）集群创新（CI）

科学技术是第一生产力。集群创新是一种集群式创新,其能力和水平直接影响到产业集群的竞争优势。但是技术创新不同于企业生产经营行为。具有共享性和溢出性等特点,某一种技术的创新对其他技术和相关产业的发展都有促进作用。考虑产业集群的特点,用各区域技术专利授权数说明创新的条件,各区域技术市场成交额说明创新的水平,新产品产值占全国新产品产值的比重说明创新的绩效,从以上三个方面构建集群创新的参数指标。集群创新的计算公式为:

集群创新（CI）=（区域专利授权数/全国专利技术授权数×100%+区域技术市场成交额/全国技术市场成交额×100%+区域新产品产值/全国新产品总产值×100%）/3

（5）集群政策（CP）

从严格意义上讲,"集群政策"是一种"制度资源",属于"集群资源"的范畴。但由于我国是一个发展中国家,处于经济转型的关键时期,政策对经济发展的影响特别突出。为此,这里把集群政策单独作为一个影响因素进行分析。在我国汽车工业发展的历史上,各级政府既通过财政补贴等直接方式扶持汽车产业发展,又通过改善基础设施和提供公共物品等间接方式支持汽车产业发展。参照通常的做法,这里用成本利润率对企业经营效益的质量来衡量政府的直接扶持政策;等级公路里程反映基础设施状况;地方财政科教文卫支出反映公共事业发展水平;地方财政社会保障支出衡量社会管理水平和社会成本状况。其计算公式为:

集群政策（CP）=（区域汽车工业营业利润/区域汽车工业营业成本×100%+区域等级公路里程/全国等级公路里程×100%+区域科教文卫经费支出/全国科教文卫经费支出×100%+区域财政社会保障支出/全国财政社会保障总支出×100%）/4

（6）国内贸易（DT）

无论是传统产业还是新兴产业,如果没有市场需求,就无所谓竞争优势。市场需求包括国际需求和国内需求两个部分,在此我们主要关注汽车工业在国内贸易中的竞争优势,通过对汽车工业的产量和销量的对比,找出汽车产业集群的规模优势。我国汽车产业在价格、质量、技术和装备等方面,存在着地域上的较大区别,通过自主创新和国外合作等形式,参与国际产业链条中来,既为我国汽车产业发展获取了宝贵的资金、技术和管理经验,也对汽车工业缩短发展差距、培育竞争优势起到了重要的推动作用。国内贸易可以从贸易规模和贸易能力等方面来分析,具有不同的经济学意义,对我国汽车产业集群的整体实力影响也不相同。

①贸易规模(TS)=区域汽车工业产值/全国汽车工业产值×100%

②贸易能力(TC)=区域汽车销售产值/全国汽车销售产值×100%

2.因变量

竞争优势的实质是有较强的获利能力;相同或相似的产业在特定空间的聚集形成产业集群,必然表现为较大的经济规模。由此可见,产业集群的竞争优势主要体现在两个方面:一是有较大的经济规模,二是有较强的获利能力。这里用经济规模和获利能力两个显现指标作为因变量,进行统计回归分析。

(1)经济规模(CS)

反映经济规模的统计指标有工业总产值、销售收入等。工业总产值反映一定时间内工业生产的总规模和总水平;产品销售收入指企业在报告期内生产的成品、自制半成品和工业性劳务取得的收入。在市场经济中,用销售收入更能体现产业集群现实的经济规模。区域的销售收入占全国销售收入的百分比就是该区域汽车工业的市场占有率,市场占有率越高,经济规模越大(见表4-10)。其计算公式为:

集群规模(CS)=区域汽车工业销售收入/全国汽车工业销售收入×100%

(2)获利能力(CA)

反映获利能力的统计指标有毛利润率、资产贡献率和资产利润率等,由于各地扶持力度不一,税费减免的标准不同,成本费用也有区别,用资产贡献率更能够准确反映产业集群的获利能力。

总资产贡献率(%)=(利润总额+税金总额+利息支出)/平均资产总额×100%。公式中,税金总额为产品销售税金及附加与应交增值税之和。鉴于前述已将资产规模和网络规模等作为自变量分析,利润总额、税金总额和利息支出之和能够反映获利能力的大小,可以直接作为因变量进行分析(见表4-11)。鉴于数据的可获取程度,其计算公式为:

获利能力(CA)=区域汽车工业营业税金及附加/全国汽车工业营业税金及附加×100%

表4-10　中国汽车工业2001—2010年各省份工业销售收入统计表

（单位:亿元）

年份\地区	2001	2002	2003	2004	2005	2006	2007	2008	2009	2010
北京	76.57	173.29	295.52	539.56	735.03	719.59	781.33	869.95	1178.55	1620.56
天津	70.93	100.07	91.21	125.41	472.26	675.56	800.22	890.96	1088.25	1333.81
河北	51.99	103.63	135.84	192.06	252.33	243.38	307.83	318.57	464.78	691.78
山西	17.00	14.40	20.13	27.58	16.74	18.54	29.69	37.43	42.26	48.05
内蒙古	10.25	9.51	21.86	35.92	31.06	44.15	67.40	94.32	131.26	149.05
辽宁	179.21	191.44	274.10	283.31	416.87	594.51	705.01	561.02	823.97	916.00
吉林	653.41	941.44	1280.67	1350.07	1165.56	1035.49	1357.10	1544.14	1612.93	2282.74
黑龙江	75.99	31.28	128.97	108.39	32.64	167.30	163.96	182.27	182.83	168.31
上海	679.43	940.93	1340.66	1235.51	1187.49	1706.81	2110.30	2079.35	2834.25	4505.03
江苏	295.49	407.54	456.48	481.76	819.2	1030.66	1089.97	1068.26	1141.53	1406.81
浙江	146.51	308.68	298.80	361.10	765.48	654.10	769.22	1254.19	1247.74	1553.90
安徽	108.49	186.54	214.13	243.28	342.46	468.90	616.23	587.26	827.95	1366.26
福建	91.05	124.56	176.65	144.72	208.91	191.87	244.74	251.81	249.92	394.40
江西	98.59	71.30	131.85	170.21	172.3	176.45	202.56	288.50	252.84	338.86
山东	168.50	380.76	398.30	515.13	950.62	1018.59	1471.14	1334.35	2385.80	3157.01
河南	71.40	97.25	133.46	152.00	215.44	289.01	397.77	639.25	639.76	730.81
湖北	513.21	633.78	1115.88	1120.57	978.85	1011.66	1255.14	1397.39	1755.68	2225.68
湖南	80.76	83.01	173.11	229.40	134.64	212.80	259.28	479.76	638.73	440.05
广东	262.80	338.97	420.04	592.18	1082.55	1586.36	1917.04	2165.04	2596.35	3056.06

续表

年份 地区	2001	2002	2003	2004	2005	2006	2007	2008	2009	2010
广西	78.47	122.57	178.16	248.09	329.01	395.64	566.41	539.87	874.43	1222.89
海南	10.56	33.20	84.44	8.38	80.59	80.28	88.67	58.08	52.74	81.58
重庆	364.60	222.67	586.44	693.48	456.19	1026.11	1309.04	1236.61	1529.37	1722.85
四川	66.66	66.65	75.33	108.67	212.13	216.97	291.05	325.00	460.86	133.69
贵州	13.47	12.36	13.90	16.26	18.24	23.65	24.92	33.50	43.17	59.44
云南	20.13	18.34	19.78	34.94	51.65	52.13	64.86	70.97	118.52	124.52
西藏	0.00	0.00	0.00	0.00	1.19	0.00	0.00	0.00	0.00	0.00
陕西	40.63	34.84	72.17	104.81	89.22	167.83	292.95	435.03	621.79	699.15
甘肃	1.19	0.26	1.59	3.04	3.21	3.99	6.05	5.08	5.53	12.01
青海	2.33	0.23	1.85	2.29	2.76	2.74	1.98	6.07	7.29	8.21
宁夏	0.16	0.08	0.19	0.55	0.15	0.00	0.00	0.00	0.97	0.81
新疆	3.93	10.10	2.57	5.64	6.46	3.83	9.54	12.97	7.43	12.58

资料来源：根据相关年份《中国汽车工业年鉴》资料整理而得。

表 4—11 中国汽车工业 2001—2010 年各省份利润总额统计表

（单位：亿元）

地区＼年份	2001	2002	2003	2004	2005	2006	2007	2008	2009	2010
北京	-6.71	3.14	24.33	25.67	17.56	10.73	26.61	24.82	64.27	118.01
天津	-2.42	-13.04	4.87	5.85	24.42	40.39	50.62	59.25	91.20	129.29
河北	0.65	6.85	12.55	15.97	16.26	20.45	23.72	7.39	25.76	40.48
山西	0.05	0.59	0.33	0.32	-0.14	-0.11	0.30	0.42	-0.37	0.98
内蒙古	0.17	0.45	0.11	0.58	0.49	0.41	0.64	0.94	5.56	1.52
辽宁	-1.70	3.93	11.61	1.32	-1.64	10.73	17.93	13.69	-3.70	69.61
吉林	46.98	78.67	72.43	52.07	25.85	37.24	86.12	83.26	146.24	243.72
黑龙江	2.35	-1.17	3.83	1.47	-1.02	1.77	4.63	3.14	-0.23	1.75
上海	83.25	128.92	214.76	166.34	99.58	139.56	206.47	116.96	313.87	607.09
江苏	7.39	15.21	16.57	9.54	15.52	29.24	8.06	19.13	36.68	73.50
浙江	9.08	23.61	21.22	24.68	38.02	38.99	52.08	60.16	73.05	97.28
安徽	8.37	14.65	13.07	11.18	10.64	21.36	33.29	19.30	38.19	72.44
福建	4.22	10.06	13.42	6.70	6.97	6.98	10.94	7.38	14.41	31.56
江西	1.65	4.53	6.72	6.80	9.30	3.70	-1.21	3.53	10.81	21.01
山东	-8.28	20.65	13.36	21.46	47.69	49.21	82.38	54.26	151.11	188.47
河南	2.64	4.48	7.91	5.72	10.70	15.17	21.54	33.33	45.48	36.73
湖北	28.47	57.54	17.64	96.99	34.56	72.77	104.14	96.13	171.20	261.47
湖南	0.76	8.43	16.35	16.56	3.28	11.93	18.17	31.80	67.13	32.51
广东	17.17	55.96	43.96	69.84	115.54	152.55	168.65	189.05	268.76	386.02

续表

年份 地区	2001	2002	2003	2004	2005	2006	2007	2008	2009	2010
广西	3.49	4.73	8.14	9.76	13.69	12.45	20.86	18.89	44.18	70.64
海南	0.21	2.89	3.39	-0.12	4.83	5.12	7.84	-1.85	-5.21	2.79
重庆	5.63	16.16	23.11	19.82	14.77	36.16	46.62	35.09	50.12	71.60
四川	1.15	2.93	0.42	-0.50	8.21	11.67	22.33	25.39	26.04	10.67
贵州	-0.48	-0.50	-0.47	0.06	-1.26	0.22	-1.41	0.66	1.38	2.05
云南	0.71	-0.48	1.32	0.92	0.85	1.77	2.71	1.83	4.52	3.78
西藏	0.00	0.00	0.00	0.00	0.04	0.00	0.00	0.00	0.00	0.00
陕西	0.62	1.37	6.17	6.79	4.50	7.85	12.73	18.88	46.93	23.05
甘肃	-0.45	-0.11	-0.36	-0.28	0.12	-0.05	0.22	0.04	0.06	0.047
青海	0.00	-0.05	0.08	0.03	0.17	0.18	-0.005	0.52	0.67	0.81
宁夏	0.00	0.00	0.01	0.00	-0.01	0.00	0.00	0.00	0.04	0.005
新疆	-0.28	0.24	-0.04	-0.03	0.13	-0.28	0.063	0.18	-0.51	-0.29

资料来源：根据相关年份《中国汽车工业年鉴》资料整理而得。

总资产贡献率(%)=(利润总额+税金总额+利息支出)/平均资产总额×100%。公式中,税金总额为产品销售税金及附加与应交增值税之和。

获利能力(CA)=(区域汽车工业利税总额+利息支出)/(全国汽车工业利税总额+利息支出)×100%

3.统计回归模型表达

根据以上分析,影响汽车产业集群竞争优势的主要因素,可以用数学方程式表达如下:

$$OUTP = \beta_0 + \beta_1 \cdot LC + \beta_2 \cdot CN + \beta_3 \cdot CR + \beta_4 \cdot CI + \beta_5 \cdot CP + \beta_6 \cdot TS + \beta_7 \cdot TC + \varepsilon_1 \tag{1}$$

$$POUTP = \beta_0 + \beta_1 \cdot LC + \beta_2 \cdot CN + \beta_3 \cdot CR + \beta_4 \cdot CI + \beta_5 \cdot CP + \beta_6 \cdot TS + \beta_7 \cdot TC + \varepsilon_2 \tag{2}$$

其中,方程(1)是以经济规模(CS)为因变量得到的统计结果,方程(2)是以获利能力(CA)为因变量得到的统计结果。其中,LC代表劳动成本,CN代表集群网络,CR代表集群资源,CI代表集群创新,CP代表集群政策,TS代表贸易规模,TC代表贸易能力,β_0是常数,ε_1与ε_2是随机扰动项。

(四)统计回归的结果分析

根据统计年鉴提供的全国29个省(市、区)2000—2010年的数据,形成116个样本观测值,采用最小二乘法,运用EViews6.0软件进行统计回归。

1.以经济规模(CS)作为因变量回归

以经济规模(CS)为因变量进行回归(结果如图所示),R^2为0.992308,调整后的R^2为0.992117,说明方程拟合度好,解释变量对被解释变量的解释性强。Durbin-Watson值为2.112835,说明变量之间没有自相关性。F-statistic为5197.100,Prob(F-statistic)为0.000000,说明被解释变量与解释变量全体的线性关系是显著的,可以建立线性模型(见表4-12,4-13)。

根据偏回归系数Coefficient的绝对值大小,经济规模(CS)的影响变量依次是贸易能力(TC),贸易规模(TS),集群创新(CI),集群网络(CN),劳动成本(LC),集群政策(CP)和集群资源(CR)。

表 4-12 以 CS 为因变量的样本回归计量分析

自变量	系数	标准误	T 统计量	概率
C	−0.354067	0.112901	−3.136096	0.0019
LC	0.004313	0.001138	3.788946	0.0002
CN	−0.004629	0.011207	−0.413064	0.6799
CR	4.87E−06	0.000619	0.007871	0.9937
CI	0.006009	0.009815	0.612212	0.5409
CP	0.001203	0.006177	0.194686	0.8458
TS	0.073313	0.037957	1.931473	0.0544
TC	0.900694	0.037525	24.00264	0.0000

表 4-13 以 CS 为因变量的样本回归加权统计分析

R-squared 拟合优度	0.992308	因变量标准差	3.341463
修正后的拟合优度	0.992117	因变量均值	12.26689
残差平方和	0.961179	残差平方和	260.5299
F 检验值	5197.100	DW 检验值	2.112835
F 检验 P 值	0.000000		

2.以获利能力（ CA ）作为因变量回归

以经济规模（ CA ）为因变量进行回归(结果如图所示)，R^2 为 0.798201，调整后的 R^2 为 0.793192,说明方程拟合度好,解释变量对被解释变量的解释性强。Durbin-Watson 值为 1.989404,说明变量之间没有自相关性。F-statistic 为 159.3476,Prob(F-statistic)为 0.000000,说明被解释变量与解释变量全体的线性关系是显著的,可以建立线性模型(见表 4-14,4-15)。

根据偏回归系数 Coefficient 的绝对值大小,经济规模（ CS ）的影响变量依次是贸易能力（ TC ）,贸易规模（ TS ）,集群网络（ CN ）,集群创新（ CI ）,劳动成本（ LC ）,集群政策（ CP ）和集群资源（ CR ）。

表 4-14 以 CA 为因变量的样本回归计量分析

自变量	系数	标准误	T 统计量	概率
C	−4.087447	0.757492	−5.396028	0.0000
LC	0.044448	0.007894	5.630600	0.0000
CN	−0.161077	0.068102	−2.365225	0.0187
CR	0.008835	0.003790	2.330968	0.0205
CI	−0.047760	0.062163	−0.768294	0.4430
CP	0.027615	0.034939	0.790376	0.4300
TS	−0.343796	0.199317	−1.724873	0.0856
TC	1.352546	0.201471	6.713337	0.0000

表 4-15 以 CS 为因变量的样本回归加权统计分析

R-squared 拟合优度	0.798201	因变量标准差	0.710287
修正后的拟合优度	0.793192	因变量均值	2.164500
残差平方和	0.942413	残差平方和	250.4563
F 检验值	159.3476	DW 检验值	1.989404
F 检验 P 值	0.000000		

3.回归分析的基本结论

第一,劳动成本(LC)是一种重要的生产要素,中国劳动力资源丰富,劳动成本低,综合素质较高。回归结果显示,劳动成本与经济规模和获利能力均有较强的相关性,均在 0.1 的水平上显著,是影响这两个因变量的主要因素。但从相关系数上来看,数值较其他因素低,相对影响程度较弱。结合我国汽车工业的发展现状,可以看出,在劳动力市场自由流动的条件下,劳动成本对汽车产业集群的竞争效果有一定的影响。

第二,集群网络(CN)与经济规模(CS)的回归系数显著性 t 检验的概率 p 值大于 0.1,二者线性关系不显著;与经济规模(CA)则较为显著。说明汽车工业产业集群的发展程度还不完善。汽车工业的配套产业发展程度较低,龙头企业一家独大的现状仍没有明显改善,集群内围绕核心产业形成的产业链条仍有进一步提升的空间。

第三,集群资源(CR)与集群政策(CP)的表现作用基本一致。从回归数据上可以看出,我国汽车工业对于资源的依赖程度是显著的。汽车产业的发展受制于物资资源、人力资源、无形资产等要素的影响明显,这些资源质量的改善也对汽车产业的发展能够形成极大的推动力量。然而,也要清醒地意识到,过高的集群资源依赖也是推动成本快速上升的诱因之一,需要引起注意。此外,从集群政策来看,汽车工业仍然没有走上完全意义的市场化阶段,某些带有保护性色彩的行政因素和法律法规仍旧影响着这一产业的发展方向。

第四,集群创新(CI)在于两者的回归中,显著性不明显,特别是与获利能力(CA)的相关性分析中系数为负。说明汽车工业的研发能力仍很薄弱,创新动力还有待加强,特别是汽车工业的装备制造业落后,高精密制造设备基本依靠进口,经济增长方式粗放,提升创新能力尤显迫切。

第五,贸易规模(TS)与经济规模(CS)和获利能力(CA)分别呈现正负相关的现象,说明汽车工业在进行国内外贸易时,虽然贸易规模很大,但获利能力比较低,今后汽车产业的转型要逐渐融入高附加值及高科技含量,并带动提升汽车工业的利润空间。贸易能力(TC)显示中国汽车工业的潜力是巨大的,提升的空间依旧十分广阔。

第五章　我国制造业产业集群升级的
必要性和条件分析

第一节　我国制造业产业集群升级的必要性

一、我国制造业融入全球价值链的迫切需要

(一)全球价值链分析

全球价值链是指为实现商品或服务价值而连接生产、销售、回收处理等过程的全球性跨企业网络组织,涉及从原料采集和运输、半成品和成品的生产和分销,直至最终消费和回收处理的整个过程。它包括在整个产业链条价值实现过程中所有生产活动的组织及参与者的利润分配。当前,散布于全球的、处于全球价值链上的企业进行着设计、产品开发、生产制造、营销、出售、消费、售后服务、最后循环利用等各种增值活动[①]。全球价值链中各个环节在形式上虽然可以看做是一个连续的过程,不过在全球化过程中,即片段化(fragment),空间上一般离散性的分布各地。

全球价值链的价值等级体系与全球各地比较优势等级体系相匹配的过程,也就是全球价值链各个环节在全球垂直分离和空间再构的过程。在这一过程中,当地方比较优势决定了整个价值链条各个环节在全球如何空间配置的时候,地方的比较优势就决定了地方应该在价值链条上的哪个环节和技术层面上倾其所有,以便确保竞争优势。换句话就是在全球化背景下,一国或地区的产业发展战略能否充分利用本地的比较优势将决定其长期绩效[②]。由此

---

① *Industrial Development Report 2002/2003 Overview-Competing through Innovation and Learning*, United Nations Industrial Organization, 2002.

② 林毅夫、刘明兴:《经济发展战略与中国的工业化》,《经济研究》2004 年第 7 期。

可以看出,现实世界中同一价值链条上各个地方产业集群之间之所以存在等级体系,是由价值环节的等级体系所决定的。

20世纪80年代以来,生产的国际化和资本的国际化趋势不断加强,工业品的价值链环节越来越具有空间上的可分布性。传统的以产品为界限的国际专业化分工,逐渐演变为同一产品内某个环节或某道工序的专业化分工。这种新的国际分工形式,可称为全球价值链分工。全球价值链分工必须具备三个条件:一是一种商品在多个阶段连续生产;二是两个或两个以上的国家在商品生产过程中提供价值增值;三是至少有一个国家在生产过程中使用进口投入品,生产的产品被出口①。也就是说,全球价值链分工是一种产品在多国分工连续生产,伴有中间品的进口和最终产品出口的国际分工形式。它是在经济全球化条件下国际分工呈现出的新特点,也是当代国际分工的一种重要的发展趋势。

(二)产业集群嵌入国际价值链的方式

当把地方性的产业集群纳入到国际产业价值链组成的价值网络中的时候,就要分析考察产业集群以及集群内部的企业是怎样参与到这个更大的生产系统中来的,也就是地方的产业集群是如何与全球化的产业价值链发生怎样的联系,从而提升自己的产业结构、竞争能力和创新能力的。首先,往往是集群内的领先公司能更快地通过频繁的外部联系获取丰富的信息和知识,他们根据所处区域以及自身特点,逐渐专注于产业价值链的某个或某几个优势环节而放弃或弱化非核心经济活动,而由此带来的比较优势的增加使领先公司的竞争力进一步提高。这个过程吸引集群内其他企业借助区域内频繁的网络联系纷纷跟进和学习模仿,接着就出现了集群整体产业活动基于全球产业价值链的垂直分离,整个集群逐渐专注于全球价值链中结合本地的各种条件而具有比较优势的战略性环节,弱化或转移非核心业务,从而嵌入全球产业价值链。大量的集群间的、集群与区域外经济行为主体的生产、贸易、技术、信息、文化等交流把基于同一产业的不同区域集群联系起来,实现了集群基于全球价值链上的产业整合。

20世纪80年代以来,由于交通与信息技术的飞速发展和跨国公司的跨

---

① 高越、高峰:《垂直专业化分工及我的分工地位》,《国际贸易问题》2005年第3期。

区域经济活动的不断加剧,包括发展中国家和地区在内的全球不同区域之间的各种商品、资本及服务贸易的增加,全球化进程日益推进。全球化不仅包括经济活动跨国界的地理延伸,而且更重要的是国际分散活动的功能一体化。在这种背景之下,中小企业集群不可能成为一个孤岛,集群企业的空间行为与发展路径也因此受到影响。一方面,中小企业集群逐渐被并入到国家和全球供应链中,成为跨国公司的全球网络的一个部分,后者利用信息技术协调全球活动;另一方面,集群内的企业越来越容易在集群外找到供应商或客商,而不再仅仅局限于本地①。例如,意大利卡尔波(Carpi)的毛衣和布料企业集群,许多生存下来的企业已经重视参与全球网络,加强与区外企业的转包关系,同时,地区内部的企业间关系已经削弱②。

　　随着经济全球化的发展,中小企业集群逐渐被并入到国家和全球供应链中,成为跨国公司全球网络的一部分,而地方网络的确立在很大程度上增强了集群中中小企业的国际竞争能力,并形成一个互动程度和学习动力都较高的社会环境。在社会环境内部,信息的流动和认知的形成是通过劳动力的流动、紧密的创新合作与模仿来实现的,集体学习代替了企业内部学习。中小企业集群地方网络能够创造获取专门信息和知识外溢的便利条件。市场信息的迅速反馈与传递,是中小企业发挥其灵活机制优势的前提。市场信息可以使企业洞察市场环境的变化,捕捉有力的市场机会,以便及时调整产品结构,避免或降低因市场变动造成的损失。中小企业集群内,众多小企业与服务单位和政府机构群聚在一起,共同构成一个机构完善、功能齐全的"生产—销售—服务—信息"的网络系统。由于地理临近与相互信任,有关产品、技术、竞争等市场信息就可以在集群内企业之间迅速集中和传播,且成本很低。集群内的中小企业利用这种网络关系,就能在竞争、合作、协作中提高自身的结构竞争力。这种地方网络的结构竞争力使得中小企业不仅可以直接利用自身直接占

---

　　①　[USA]Christensen R:"Challenges & Pathways for Small Sub-Contracts in an Era of Global Supply Chain Restructuring".Vatne,E.& Taylor,M.(eds).*The Networked Firm in a Global World:Small Firms in New Environments*,Ashgate Publishing Limited & Ashgate Publishing Company,Hampshire (England)& Burlington(USA),2000,p.67-92.

　　②　[UK]Staber U:"Accounting for Variations in the Performamce of Industrial Districts:The Case of Baden-Wurttemberg",*International Journal of Urban and Regional Research*,Vol.20,1996,pp. 299-316.

有的资源,而且还可以间接地利用更多的非自由资源,这在一定意义上扩展了企业可以利用的资源边界,扩大了企业的规模。

二、生产方式由粗放向集约转变的客观需要

20 世纪 70 年代末 80 年代初开始,产业融合作为一种国际性的产业发展趋势,伴随着以信息技术为核心的高科技革命而迅速推进,如今正成为制造业结构不断由低级向高级演化的重要途径。

产业融合是指不同产业或同一产业内的不同行业,通过相互渗透、相互交叉,最终融为一体,逐步形成新产业的动态发展过程。产业融合具有显著的经济性,能够充分享受范围经济,有效利用经营资源,分散风险和节约交易费用,从而提高企业和产业的竞争力。根据产业或行业间的渗透方式可以把产业融合分为高技术的渗透融合、产业间的延伸融合和产业内部的重组融合[①]。工业发达国家的制造业正是通过这三种形式的融合发展,实现产业结构升级进而提升结构竞争力的。

(一)渗透融合:制造业与高技术

制造业与高技术的渗透融合是高技术作为一种手段和方式向制造业渗透,产生两个或多个产业的融合并形成新的产业的过程。自第一次工业革命以来,制造业先后经历了多个阶段。相对而言,以信息技术为代表的第三次产业革命对制造业的影响更为深远,尤其是柔性制造系统和计算机集成制造系统的开发与推广应用,为制造业实现产业升级提供平台和强大的动力支撑。

制造业为信息技术的发展提供应用的对象、巨大的市场及设备,是信息技术物化的载体及发展的支撑和推动力,形成了通信设备、电子计算机、集成电路、数控机床等一批技术含量和产品附加值高的新兴制造业。从产业发展历程看,制造业在其发展的初级阶段只是为其他部门提供简单的、普通的生产工具,以适应经济发展和人均收入提高过程中用机器代替人力的倾向。但随着劳动力成本的增加和能源、原材料价格的上涨,产品成本也随之增加,为抑制产品价格的上涨,只有提高劳动生产率和降低能源消耗,制造业便向自动化、智能化方向发展。而智能化水平的提高需要把微电子技术、信息技术等应用

---

① 厉无畏、王振:《中国产业发展前沿问题》,上海人民出版社 2003 年版,第 200—205 页。

于制造业,使新兴的生产系统具有更完善的判断与适应能力,这极大地提高了产品的附加值、劳动生产率和要素集约化的程度。新兴制造业从技术发展特征看,表现为技术的融合化;从产品发展看,表现为产品的高技术化,即产品的高附加值化、智能化和系统化;从系统管理角度看,表现为集成化和网络化。

传统制造业通过运用高新技术得到改造和提升,从而使制造业产品和生产方式发生革命性的变化。信息化技术由于集成了电子信息、自动控制、现代管理与生产制造等多项先进技术,能够同时调控物流、资金流、信息流,促进了制造业产品设计的创新、企业管理模式的创新和企业间协作关系的创新,减少了资源消耗和环境污染,提高了传统制造业产品的质量和劳动生产率,从而大幅度增强了制造业的竞争力。

从产品发展角度看,实现制造业产品的"机电信息一体化"。装备制造业产品通过吸收信息技术和其他高技术,增加产品的技术含量和知识含量,提高产品的功能层次、数字化程度,使产品向"细、小、精、微"方向发展,实现机械——电子——信息的一体化。此外,采用信息技术还可以加快产品的开发速度,提高产品的创新能力。

从生产过程角度看,采用信息技术将提升生产过程的柔性化、智能化、自动化水平,既满足市场需求个性化、多样化的要求,又能像大批量生产那样满足高质量、低成本、低消耗的要求。

从系统管理角度看,运用信息技术将有助于实现企业内部的生产、管理、销售、研究开发等过程信息的集成化和供应链的网络化,同时促进企业间信息的交流和制造资源的优化配置。

从供应链角度看,网络化的制造、销售、采购、售后服务以及承揽订货等方式,成为企业必不可少的重要手段和工具。工业发达国家的制造业出现了一批运营网络市场的专业企业,从事机床、汽车及零部件、电子产品等各个领域的网络市场运营。随着全球贸易自由化的继续推进,电子化贸易手段普遍使用,如电子数据交换、电子商务、电子贸易撮合和电子资金转账等,同时,商品标准趋同和贸易合同标准化均为贸易提供便利条件,有利于打破因信息和渠道垄断造成的壁垒。

(二)延伸融合:制造业与服务业

制造业与服务业的延伸融合是通过产业的功能互补和延伸实现产业间的

融合。通过融合赋予制造业新的附加功能和更强的竞争力,形成融合型的产业体系。

以美国为代表的发达国家出现的知识经济和信息化趋势,为制造业与服务业的延伸融合创造了有利条件。从价值链角度看,制造业竞争力的提高越来越需要研究与开发、营销网络体系的建立于完善,以及信息、科技咨询与服务业的发展来提高获取与处理信息的能力;另一方面,服务业尤其是信息咨询、金融、工程服务等新型服务业的发展,需要依靠制造业形成社会对服务产业的需求,需要依靠制造业的发展来提高服务业的供给水平,这也为制造业的发展提供了新的市场空间。

当今,国际制造业的用户需求日益呈现出多样化、分散化和个性化趋势。用户对制造业的需求不仅是要能提供适应特定目标、特定环境的有形产品,而且要能提供从产品开发、销售到报废、回收全生命周期的服务保证,产品的内涵从单一的实物扩展到为用户提供全面解决方案。"用户满意度"的内涵也随着网络技术和现代制造技术的发展不断扩大和延伸,目前已经发展到。在"质量"方面,是全寿命周期的质量,即:产品的设计制造质量+售后服务质量;在"成本"方面,是全寿命周期的成本,即:产品设计制造成本+购买后的运行成本+维护成本+报废后的处理成本;在"交货期"方面,是快速响应,即:研制快速+生产快速+工程服务快速。

制造业企业为适应这种需要,都纷纷从"硬件"为中心的素质中脱身出来,向以高附加值的"软件"为中心的,具有综合工程能力的产业转变。

在与用户结合方面,国外制造业企业主动熟悉用户产业各种零部件的制造工艺,深入理解用户提出的各项要求,主动有针对性地开发用户所需要的新工艺设备。不仅提供设备,而且为用户提供工艺服务,工艺与设备的开发与用户产品的开发同步进行。制造企业为用户提供工艺设计和实验报告是较为普遍的现象。其间,工程公司在制造业与用户之间起纽带作用。国际通行的更多的合作方式是长期稳定的供求关系保障下的合作。通过长期合同充当用户的总工艺装备师的角色,负责为用户研制和生产"量体裁衣"的产品。

在对用户的服务方面,工业发达国家的企业对下游部门的服务范围正在拓宽和延伸,并把服务视为创造新的价值的源泉。服务的内涵和外延经过不断的变化,现在已经伴随产品生命周期的全过程,甚至衍生到金融、网络等新的服务品种。在产品价格竞争激烈,利润空间迅速缩小的形势下,国外企业越来越依靠服务来扩大经营的增值空间。

随着制造业服务化趋势的发展,制造业价值链中服务所占的比重越来越大,服务对大型设备供应商销售利润率提高所起的作用不断增强。例如,日本产业机械工业在 20 世纪 80 年代就实现了从制造加工领域向成套工程服务的转变,工程产业创造的产值已经相当于产业机械工业总产值的 80%,[①]专业或兼营的工程企业几乎涉及制造业的各个行业,形成工业中的服务产业群;德国西门子公司的工程成套、电厂服务和备品提供也各占销售量的 1/3[②]。

(三)重组融合:制造业内部

制造业内部的重组融合主要是指制造业内部机械工业与电子工业通过融合提高竞争力,适应市场新需求。进入 20 世纪 70 年代以来,以大规模集成电路和微型电子计算机为代表的微电子技术的飞跃发展,迅速地应用到机械工业中,从而使人类进入了机电一体化时代,它促进了机械工业与电子工业相互促进与紧密结合。但是,随着科学技术和人类社会的进步,机电一体化的概念内涵也在发展。当初的机电一体化是指机械与电子的结合,机电一体化产品也比较简单。据统计,从 1977——1986 年的 10 年间,美国、日本 75% 以上的产业门类均广泛应用了电子技术,60% 以上的工业用电设备均进行了以应用电子技术为核心的技术改造,从而使美国、日本同期单位国民生产总值的材料消耗,包括钢、铝、铜等主要金属材料也呈明显下降趋势。特别是钢材,美国每亿元的钢材消耗 1970 年为 123 万吨,1980 年为 42 万吨,1985 年下降到 28 万吨。随着微电子技术、信息技术、自动化技术、新材料技术、生物技术等向经济、军事和社会生活的各个领域渗透,引起了传统产业的深刻变革。机电一体化也在这场新技术革命中产生了新的变化,此时的机电一体化已不只是机械装置与电子装置的简单组合,而是机械技术、电子技术、信息技术、自动控制技术、传感测试技术及软件编程技术等多种技术的相互交叉与融合,代表者制造业技术革命的前沿方向。因此,纵观国内外机电一体化的发展现状和高新技

---

① 上海市经济委员会等:《世界工业重点行业发展动态》,上海人民出版社 2003 年版,第 161 页。

② 上海市发展与改革委员会等:《关于加快发展上海电站设备制造业调研工作的报告》(研究报告),2003 年。

术的发展动向,机电一体化将朝着智能化、人格化、微型化和集成化的方向发展。

三、提升国际竞争力的需要

(一)总体趋势

迄今为止,中国贸易竞争指数大于零的产品,即出口竞争力比较强的产品,主要还是劳动密集型的附加值比较低的产品,而附加值比较高的技术或资金密集型产品的出口竞争力还比较弱。

运用显示性比较优势指数(RCA 指数)进行的计算结果表明,在美国市场上,相对于国际平均水平来说,中国的纺织原料及纺织制品等具有很大的出口优势,即出口竞争力很强。化学工业及其相关工业的产品,贱金属及其制品等的出口竞争力只处于国际平均水平。而机电产品和运输设备等则明显处于相对的劣势地位。

运用市场占有率进行计算的结果表明,随着中国对外开放的不断扩大,"三资"企业在中国工业品出口额中的比重逐年增加。"三资"企业对中国工业的出口竞争力的影响是比较复杂的,一方面,他们对提高中国工业品的国际竞争力起到了显著的促进作用;另一方面,外商控股的"三资"企业又对中国工业形成很强的竞争压力。中国的某些机电产品,如摩托车和收音机,在国际市场的占有率已位居前列,具有比较强的出口竞争力。中国大部分工业品在国内市场的竞争态势,大大优于在国际市场的竞争态势。这表明,由于国内市场特点、消费特点、销售渠道及方式等方面的优势,这些产业尚能够与外商竞争。但是也要看到,这种竞争态势在不同程度上是在政府的保护下形成的。20 世纪 90 年代以来,由于外商的大举进入,中国市场上的国际竞争愈演愈烈,1995 年以来,中国大部分工业品在国内市场的占有率比 1992 年有所下降,而同时,企业的产品库存却在逐年增加,说明中国的企业迫切需要进行产品结构调整,增强国际竞争能力。

运用出口产品质量指数进行计算,尽管中国出口商品总体上还属于低档产品,但中国工业品质量(附加价值)的结构特征正在发生着一系列积极的变化。随着产业或产品结构的变化,中国一些出口产品的质量已经有了参与国际竞争的一定基础,而且,可以与进口产品相对抗。在技术含量高的机械电子类产品的比较上,中国产品明显处于劣势。特别是高科技产品与发达国家产品的差别更大。一些类别产品的进出口价格比趋于接近,反映了中国产品与外国产品的质量差距有所缩小,也可能反映出在这些产品类别中,中国出口产品和进口产品的质量档次较为接近。

在中国对外贸易总量迅速增长的同时,贸易结构也发生着重大变化,特别是工业制成品出口结构发生了重大变化。根据中国统计年鉴有关资料,代表技术密集型产业的机械电子及运输设备类产品出口占工业品出口的比例大幅度上升,由 2001 年的 39.58% 上升到 2010 年的 52.15%。在机电产品出口大幅度增加的同时,机电产品内部的出口结构也不断改善,到 2010 年末,我国机电产品出口额为 9334.4 亿美元,其中电力、通信、铁路、船舶等行业大型成套设备的出口额达到 3098.3 亿美元,占全部出口额的 33.19%。

(二)基本格局

具有人力成本优势的传统行业方面,如纺织业,在国际市场中仍然有较高的国际竞争力,能够长时间的保持较大的市场份额。但由于中国劳动力成本等因素的上涨,这些行业的成本—价格优势正日益减弱,经济效益下降。要减缓这一不利因素的影响,就要进一步提高中国工业的国际竞争力,转变行业的经营体制和产业结构,努力适应变化了的国际竞争形势。

受制于技术限制并没有比较优势的产业,如饮料工业。受到国外相同产业的挤压,产业空间已经萎靡益深,"洋品牌"在国际、国内两个市场的双重挤压,给这些产业的发展带来了常人难以想象的困难。目前的处境是难以大规模进入国际市场,而且,如何稳固国内市场也成为一个严重的问题。

产业技术业已成熟,市场规模占有度已经很高,如白色产品制造类行业。在我国加入 WTO 后的大环境下,正受到国外品牌的有力竞争。这类产业这国际和国内两个市场与国外的竞争对手争夺市场份额。由于经过多年的国内市场竞争,中国工业已经具有较强的竞争力,所以,这类产业有可能获得更大的国际市场份额。

技术含量高且产品技术接近并领先于世界先进水平的产业,如电视机制造业。同样面临着巨大的国际竞争压力。由于中国基础元器件工业的薄弱,部分核心关键技术的来源仍受制于国外公司,企业自身研发实力不强等多方面弱点正在逐步成为制约产业发展的瓶颈因素。要克服这些弱点,使中国工业保持和进一步提高产品的国际竞争力,必须付出比过去更大的努力,经历更加惨烈的国内、外市场竞争的恶战。

技术含量较高,具有一定的要素比较优势的产业,如造船业。技术的竞争正变得越来越激烈,而且,技术竞争在产业竞争中的地位越来越突出。如果我们不能在技术竞争中争得更有利的地位,就会使大量的附加价值流向国外,中国所能获得的实际利益逐渐减少。如果出现这种情况,中国工业的国际竞争力终将无法保持。如果能够在充分利用比较优势的前提下加快技术进步的步伐,这类产业仍有可能保持继续发展的势头。

技术含量高,尚未形成国际竞争力的产业,如汽车产业,以及电子计算机工业。要形成我们自己的有较强国际竞争力的产业,则还需要经过长期的艰苦奋斗。利用既有的国际贸易规则,做大我们自己的工业基础,培育自身的国际竞争力。

改革开放三十多年来,中国工业的国际竞争力虽然有了很大的提高,到总体上看还明显低于发达国家,在国内、外市场上仍要面临着来自对手强有力的挑战。尽管中国工业品的产出量很大,价格较低,不少产品具有一定的价格优势,能够占有不小的市场份额,有的产品出口增长较快,在国际市场上开始占有一席之地,但是,从国际比较来看,中国许多工业产品的价格——性能比都居于劣势。

第二节　我国制造业产业集群升级的条件

一、我国制造业产业集群升级的人才条件

环境是影响产业集群发展的重要因素,特别是在产业集群吸引人才方面起着举足轻重的作用,不同的环境要素对人才吸引的作用机理具有一定的差异性。

(一)市政环境对人才吸引的作用

产业集群作为企业和机构的"扎堆"现象,具有显著的空间集聚特征。对于空间集聚,传统的区位理论大多从成本的角度来解释。如根据韦伯传统的工业区位理论,决定工业区位因子的有运输成本、劳动力和集聚效应,合理的工业区位是指向三个总费用最小的地方,这样可能在这些区位形成工业集聚。

后来史密斯的理论认为,企业的区位选择不仅与成本有关,起决定作用的是利润最大化,因而他构造了空间利润曲线,在空间利润曲线范围内容易形成空间集聚。在知识经济时代,信息、技术的作用日趋明显,许多理论开始从技术创新、信息传播扩散与学习的视角来研究空间集聚。

空间集聚是为使集群形成良好的市政环境,为人才提供更好的信息和服务,为能够快速、更好地创新而形成的一种空间现象。经济社会学家格兰诺维特还从非经济的角度论述了这种空间集聚,认为产业集群的产生不仅与经济因素有关,还与社会因素有关,产业集群中特有的社会关系如亲缘、地缘关系,有利于形成相互信任的产业文化,从而使集群中的人受益。产业集群的这种空间集聚现象形成了特殊的市政环境优势,而这种优势对人才的吸引主要体现在该集群能否吸引与提供专业化的投入因子。

一是人才的吸引与专业化。集群能否成功的吸引人才是其成功的基本要素之一。当一个集群可以提供较大的发展空间时,必然会吸引全国的优秀专业人才加盟。另外,仅仅吸引人才还不够,集群的真正竞争力来自于对人才深层次的挖掘,即人才的专业化分工。因为如果集群的人才不能进行有效的分工,集群的发展会停留在较低的恶性竞争层面上,使集群的发展难以为继。人才的集中可以加剧竞争,优胜劣汰,从而也迫使人才向专业化的方向发展。专业化的人才也需要集群能够成立相应的专业化培训机构,这些机构可以在集群发展初期,由当地政府组织主持,以确保集群需要的高质量人才;随着集群的发展,各种中介服务组织成熟以后,政府可以逐渐退出,由中介组织提供这类专业化培训。

二是吸引中间投入品的专门化。集群产品的竞争力来自于高效的投入。当一个集群能够吸引各类专业化的中间投入商加盟时,就可以大大提升集群的竞争力。因为中间商提供的机器设备、零部件、各种服务,由于在集群内集聚,能够获得规模经济和较低的运输成本。另外在减少总运输成本的同时还可以产生足够高的需求水平,从而确保高度专业化的零部件生产厂商得到报偿。专业化的零部件供应会吸引组装厂家,反过来又鼓励新的加入者和更多的专业化服务。

三是吸引更多的厂商加入,扩大集群的影响力。当一个集群有发展潜力时,可以吸引许多外来人才。

(二)法律环境对人才吸引的作用

新制度经济学认为,制度的存在,可以解决不断出现的社会问题和约束人们的竞争和合作方式。所以,制度的作用主要体现在两个方面:一是降低技术创新中的不确定性和交易费用;二是提高对技术创新的激励。制度经济学家诺思认为,创新活动的水平在很大程度上归结于产权激励制度的完善。

从制度经济学的角度来看,集群技术创新的制度法规环境是指由激励和约束技术创新活动的各种具有不同地位和作用的法律、法规和政策所组成的制度体系。其核心功能是解决技术创新的激励与约束问题,这一核心功能是通过降低技术创新活动中的交易成本、减少技术创新的外部性、减少技术创新活动中的不确定性和为技术创新创造合作机会等途径来实现的。

国家通过针对技术发明、技术创新、技术转移、技术推广等方面的法律法规完善,利用法律手段规范技术创新过程中各行为主体的权利和义务,为国家创新系统中的创新主体及集群成员的技术创新活动营造一个更好的环境和空间。通过专利、商标、软件产品等的知识产权保护,加大打击侵害知识产权的工作力度,来保护创新者的正当权益,维护技术市场的正常秩序,从而为集群成员技术创新和技术扩散等提供规范和保障作用。法律环境的建设和完善主要包括两方面的内容:有关创新法律体系的建设和完善及执法力度的加强。如我国《商标法》、《专利法》、《技术合同法》、《新技术保护法》,以及有关规范市场竞争方面的《反不正当竞争法》等法律法规的相继出台和完善为创新活动和技术市场起到了重要的保障和推动作用,减少了集群成员企业在创新过程中所面临的不确定性和风险,减少了集群内部所发生的交易成本。总之,法律环境体系的完善使得集群内部知识互动,以及与外部的交流(如技术开发、技术转让、科研成果转化)更有后盾和支撑基础。而且国家层面的法律法规相对来说更具有强制性和规范性,更具有法律权威性,对行为规范的约束性更强,从而对整个集群创新来说是一种更为有力的外部控制和保障作用。

(三)政策环境对人才吸引的作用

宏观政策体系,主要关注集群所在地区的宏观政策体系对集群人才吸引力的影响作用。政府的政策体系是多方面政策内容所组成的复合型政策扶持体系,其组成部分包括各种产业政策、税收政策、财政和货币政策、教育政策等。它在宏观层次上调控集群人才的投入和创新资源的分配,通过产业扶持和科技推动来引导和激励集群成员进行创新,集群作为经济体系中的经济单元必然受到这种宏观政策体系的影响。如政府对技术创新所实行的财政信贷和税收方面的优惠政策会激励和促进集群的技术创新行为,科教兴国战略的实施体现在集群层面上,可以推动集群内部的产学研合作;通过教育政策的实施和教育体制的完善,使教育机构可以为集群内输送和培训更为适合的高素质人才,从而为集群注入活力;通过财政税收政策和货币政策、金融信贷制度等宏观调控政策,解决集群创新过程中融资方面存在的障碍;通过其他经济政策来抑制不正当竞争,规范和培育公平竞争的市场大环境,从而构建良好的经济基础结构,为集群的发展铺平道路;通过科技政策、科技软环境的优化和加大科学研究的资源投入来加强科研基础设施,从而为集群创新提供良好的物质基础;通过积极促进科研机构和集群成员企业的合作及宏观服务体系的完善,从而为集群营造和谐的沟通环境。所有上述政策的完善都可以提高产业集群对人才的吸引能力。

(四)人文环境对人才吸引的作用

早在马歇尔关于产业区的定义中,就强调了集聚经济的两个最为重要的方面:"相互了解与信任"和"产业氛围",这二者对创新的产生于扩散有积极作用,产业氛围可以支持企业间进行创新和模仿、消化与扩散,而信任的存在使产业集群内新技术的引进更加迅速、便捷。其实,产业集群之所以具备持续发展的动力,就在于产业集群是一个学习性的区域。这里的学习主要指非正式的研究与开发活动,产业集群内的创新网络和根植性为群内企业相互学习创造了条件。产业集群作为一种学习性区域,是各行为主体在能动地响应各种挑战与机遇的过程中,形成的具有柔性化网络组织的区域,它强调区域是否有对外界环境变化进行整体性快速与柔性的反应能力,以及区域内现代企业、市场、政府、相关机构及其他主体之间是否具有互动与协同关系,更强调区域要通过学习来获得上述能力与关系。产业集群内激烈的竞争,地理上的相互临近,使企业具备学习的动力和压力,时刻利用非正式的交流进行学习,这样使技术、信息在集群内快速流动,使集群具备了快速应对外部变化的能力。

人文环境在集群的学习创新能力的提高上具有至关重要的意义。人文环境在这里主要指整个社会的历史传统、道德基础、价值观、习俗等所构成的意识形态与经济活动的关系及对创新的作用,而体现在集群人才吸引力中其作为一种无形的社会资本和集群创新网络所根植的文化土壤而存在,深刻影响着集群内部成员企业自身的创新观念意识及企业间或者集群内部成员企业与外部企业和机构的交流沟通质量。共同的文化基础更有利于这种交流和对话的实现及合作、协作关系的建立,如中国传统文化中的"重信用"理念使得集群内部企业在创新及合作等多次博弈中,认识到欺诈等机会主义行为是不明智之举,从而更为关注自身的信誉,减少了机会主义行为,减少了合作创新中的不确定性要素,从而增强了对人才的吸引力。社会文化环境通过影响人们的意识、价值观、人际关系等来影响企业的创新意识和创新行为,因此文化要素对集群企业的人才吸引力来说属于深层次的意识层面上的根本支撑要素。

二、我国制造业产业集群升级的技术学习条件

(一)技术服务体系

集群技术服务体系的作用在于有效促进集群技术学习活动的开展,有利于集群内成员能够容易接近研究开发资源,推进集群成员共同从事知识开发,并为维持这些知识合作或共享提供技术支持。技术服务体系的功能在于密切跟踪本行业技术发展趋势,面向企业特别是中小企业的需求,利用人才、技术和信息优势,开展多种形式的产学研合作,加快高新技术产业化和用高新技术改造传统产业,从而发挥行业技术在集群内的集散和辐射中心的作用;研究开发本行业共性、关键技术,引进、消化、吸收和推广国内外先进技术,改造提升传统产业;联合国内外高等院校、科研院所的技术力量,建立产学研工作平台;针对市场需求,单独或与企业共同开发新产品、新技术,加速科研成果的产业化;为技术创新过程中的产品分析、检测、试验等提供技术服务,承担或参与企业技术创新项目的咨询、论证和评估工作;以技术讲座、技术交流、技术培训等多种形式,普及本行业最新科技知识,为企业科技人才提供培训、提供平台。

从国际上中小产业集群发展的特征来看,解决集群成员自身研究开发能力不足的有效措施是完善产业集群技术服务体系,充分利用集群技术服务机构,如孵化器、生产力中心、科技园区等,为集群成员企业提供技术支持。国外产业集群的经验表明,具有自己的知识中心是一个产业集群真正成熟的标志。技术服务体系的建立有两种途径:一是集群内部设立技术服务中心。利用地理接近、对集群内企业技术需求比较了解的特点,使产、学、研之间的互动大大

加强,它们对于集群技术学习及技术创新能力具有显著的促进作用;二是吸引外部研究机构在集群内成立技术服务中心。鉴于我国产业集群普遍存在知识服务基础设施薄弱的问题,要着重加强这些集群与高校、研究机构的联系,联合成立研究开发中心和技术服务中心。郎希(Longhi,1999)从集群技术学习的角度对意大利索菲亚地区的产业集群发展进行了研究发现,由于本地技术服务机构和服务网络的发展,使得索菲亚地区实现了从依靠外生力量到依靠内生资源的转变,该地区产业创新能力得到了极大的提高。

(二)信息与管理服务体系

集群技术学习平台的建立离不开信息服务体系和管理服务机构的支持。这些机构如信息咨询机构、人员培训中心和中介服务中心等服务网络,其核心功能是为集群技术学习提供信息和管理服务平台。集群信息服务中心的功能是促进技术和知识信息在集群成员之间的交流,它包括人才交流市场、产品博览会和交流会,甚至产业专题讨论会和学术讨论会等各种形式。集群培训中心负责为集群企业的内部管理人员、技术人员和工人提供各种层次和类型的培训。目前有相当部分集群已经在集群内部成立职业培训中心,但对于高层次管理人才和技术人才培训的服务还很不够。集群还要特别关注对企业家的培训,通过组织各种管理培训来帮助企业家转变观念,提高管理水平,提高企业家的整体素质,增强他们的创新意识。中介中心指承担内部组织和外部组织之间桥梁功能的机构,包括生产力中心、技术服务中心、专利服务中心、人才中介中心,其他由集群授权的非政府组织。这些中介中心可以是政府组织的非营利性组织,也可以是营利性组织。以上三类中心通过相互协调配合,组成有机的集群学习网络平台,为集群内部各企业解决生产、技术、管理、人才、信息等各方面问题提供支持。这类平台是集群发展的基础。

(三)金融服务体系

集群技术学习活动的开展是有成本的,有时甚至会投入很大,单个企业靠自身的资金能力是无法满足的。尤其是那些在集群内处于高位势的企业,在开展外向型学习时往往需要大量的资金投入,即便是低位势企业的跟进式学习也常常需要资金支持。在这种情况下,完善的金融服务体系无疑是集群技术学习活动开展的有力保障。金融服务体系包括金融机构体系和信贷制度、风险投资制度、资本市场制度等。通过多元化金融机构和制度体系对产业集群企业的多方位金融服务。第一,有助于解决集群成员企业在创新过程中所面临的资金短缺和融资困难;第二,通过风险投资服务体系的建立和完善,可以为集群中小企业注入创新资金,推动科技成果转化;第三,可以通过金融活动促进整个产业集群内部结构优化。金融机构在与企业的长期接触过程中,对企业甚至个人都有一定的了解,这样在贷款的信用评估上,可以更好地规避风险,同时随着金融资本的介入和民营企业贷款条件的放宽,对那些具备一定技术实力、产品质量上档次的高成长企业往往能获得金融机构的青睐而得到"充血",从而进入集群成长的良性循环。而那些劣势企业要么努力改善自己的技术状况以获得信任,要么因资金衰竭而被淘汰。如此一来,金融机构就利用自己特有的资本杠杆帮助实现了集群内部的"优胜劣汰",从而带动集群整体水平的提高。

从我国产业集群发展过程中看,制造业中小企业面临的最大困难之一是缺乏金融机构的支持。要想解决这类制造业企业融资困难,关键是加大政府性投入。一是建立为制造业中小企业提供融资服务的主渠道。如成立政策性国家中小企业银行和商业性中小企业银行,专门扶持企业发展;设立小型资本市场,为规模虽小但极富市场潜力和成长潜力的高科技制造业企业提供专门融资场所;二是设立支持制造业中小企业发展的基金。政府按照市场运行规律,设立投资制造业中小企业的风险投资基金、创业基金等,为开发高新技术、新兴产业等制造业中小企业提供便利条件;三是大力发展民间金融机构,更大范围地给制造业中小企业发展以资金支持。国外的经验表明,在经济发展的初级阶段,大量地方性中小民间金融机构的存在,可以有力地促进中小企业的发展。

(四)硬件基础设施

硬件基础设施是集群基础设施的重要组成部分,是支撑产业集群发展的基础结构之一。政府在"七通一平"等公共产品的提供方面起着重要的作用。在某些方面,政府即使不直接投资,但是由于它们关系着人们的基本生活,为防止垄断性定价,政府也需要参与干预。对于产业集群来说,良好的公共基础设施可以作为吸引投资的一个重要砝码,特别是专有性的基础设施更加有助于集群的形成、发展和集群式产业创新的实现。

从我国制造业产业集群发展情况看,问题比较突出的是现代互联网通信基础的薄弱。随着通信技术的飞速发展，即使是从事传统产业的集群，也把互联网等现代通信手段看做是促进集群经济发展的重要因素。因为，第一，互联网等通信技术的采用可以促进当地互补性技术的集聚、总体创新能力的提高和持续"创新波"的出现（Antoneli，2000）；第二，集群内部通信网络的质量对技术性劳动力的分工起着支撑性作用；第三，数据通信对于人际沟通起着补充作用，尤其在拥有高质量通信基础设施的技术区域。数据通信和人际沟通之间出现螺旋式互动促进机制（Antoneli，1999）。正是因为数据通信的这些优势，为大城市发展高技术产业集群提供了可能，而这些产业集群在农村地区存在就十分困难，因为大城市内部的集群间具备了完善的通信环境，它有助于促进技术的变化。这些地理上集聚的企业之间，可以分享共同的语言，也可以节约知识编码和解码的成本（Freeman，1991；Harrison，1996）。

（五）集群的法律法规

政府作为重要的制度供给者，首要的职能就是制定规则，并保证这个规则能够实施。政府通过法律、经济和组织管理手段，在制度、环境和政策层面引导集群企业技术学习，创建集群内部的研究开发体系，刺激大学和企业之间的协调创新，保证创新成果和协调创新主体之间的矛盾。

从国际范围看，产业集群的发展十分关注政策的设计。提出政策制定时，必须处理好对集群成员个体行为和集群整体行为之间的关系的界定，把政策分为针对个体的政策——个体性干预，和针对集群整体行为的政策——结构性干预两种。对于结构性干预，政策设计以鼓励学习、创新为目标，从而提高整个集群的竞争力。具体在结构性干预政策设计时，可把总体目标分为三个方面：一是网络的进入与退出机制的条件设计，尽量降低沉没成本的存在于发生；二是有利于网络内部形成有效的选择创新者的程序和机制；三是增加共同性知识和促进以集群网络为特征的学习。根据这一设计思想，集群政策的总体目标是：充分利用集群技术学习中的公共性、强经济外部性等特征，把提升集群技术学习层次作为考虑的焦点。为此，在政策的制定过程中，如何通过对环境的干预，达到激励产业集群的创建和成长，应成为政策设计的第一目标。第二个目标是保护集群内部成员企业的利益，保护其学习动力和创新动力。为实现这两个目标，可以从激励型政策、引导型政策、保护型政策和协调型政策相结合的角度来设计有关政策（黄乾，2001）。

从各国的实践中可以获得很多可以借鉴的经验与教训。概括地说,政府制定的集群政策目的应该是创建一个合理的制度安排。第一,政府政策制定者的观念必须转变;第二,创造一种能够让所有集群内学习主体对未来有稳定预期的政治与经济环境;第三,政府在企业之间以及企业和大学、研究机构之间建立合作关系的过程中充当媒介;第四,培育社会中介机构;第五,集群应尽可能地融入到全球价值链体系,通过与国际性企业特别是跨国公司的合作,获取先进技术并实现技术创新。

三、我国制造业产业集群升级的运行机制条件

(一)集群式创新运行机制

集群式创新可以理解为运用集群优势进行技术创新。集群式创新运行机制与技术学习条件有着紧密的联系,集群式创新运行机制在技术学习条件的辅助下,可以更好地发挥作用,促进产业集群创新能力升级。集群式创新运行机制可以从集群式创新网络生成机制和集群式创新协同机制等两方面进行分析。

第一,集群式创新网络生成机制。

集群式创新形成和发展的主要原因是劳动分工引致知识分工的深化和创新合作网络的扩展。由于知识分工的存在,集群式创新网络的成员间形成了知识上的彼此依赖与互补性关系(于树江,2004)。为了有效嫁接外部知识资源,获取知识分工所引致的递增报酬,集群式创新网络应运而生。与此同时,集群式创新网络所拥有的社会资本优势,又进一步促进了集群创新网络内部知识分工的深化,有效地推动了缄默类隐性知识的流动与共享,降低了知识的学习成本,为集群成员自身知识的积累和创新能力的积累创造了良好的环境,促进了产业集群创新能力升级。

集群创新网络的涌现与进化贯穿于整个集群式创新过程,集群式创新网络生成机制是集群式创新运行机制的基础(于树江,2004)。集群创新网络由集群创新主体构成。对集群创新主体来说,完成技术创新至少要包括技术基础和经济基础。集群创新主体的构建包括这几方面要素:创新主体的技术能力、创新主体的技术知识库、创新主题的经济知识库、创新活动的投资、创新主体间的合作等(Andreas Pyka 和 Paolo Saviotti,2002)。

　　第二,集群式创新协同机制。

　　由于技术创新的高投入和市场的不确定性,技术创新活动具有高风险特性,再加上许多集群内企业特别是中小企业,普遍存在创新资源不足的问题,因此,单个中小企业难以进行有效的技术创新,而集群内企业协同创新有效地解决了上述难题。Joel Bleeke 和 David Ernst(1998)在分析企业间竞争关系时指出,为了竞争必须协作,并以此取代损人利己的行为。刘友金(2003)认为,集群中企业的协同竞争创新行为是技术创新集群效应的一个重要来源。集群中的企业可以利用地理位置上的接近和产业上的关联,通过资源共享、优势互补、共同投入、风险共担的方式进行合作创新,既可以解决创新资源不足的问题,又可以分散风险,提高创新能力和创新效率(刘友金、杨继平,2002)。集群式创新运行机制主要体现为集群式创新协同机制,协同创新促进了集群式创新。在竞争中协同同时又在协同中竞争,其结果是提高了集群的技术水平,促进了技术的多样性。

　　集群式创新运行机制促进着产业集群创新能力升级和产业集群技术能力升级,正是集群学习运行机制和集群式创新运行机制的作用,才使得产业集群有了持续升级和发展的可能。集群内外部的相互学习和创新推进,提高了集群持续发展的可能性。长期的集体学习和持续的知识积累,可能会使整个集群被锁定于一条冲力越来越小的技术轨道,因此要加强向外部知识学习,同时改造区域创新环境并构造开放性的区域创新系统,这是推进集群持续发展的必然要求(D.Keeble 和 F.Wilkinson,1990)。

　　(二)集群社会资本运行机制

　　在集群网络中,随着合作的进展,机会主义行为会基于心理认识的作用和频繁的行为互动而逐渐减少,而产生于过去的经历和相互作用的信任会随着关系的成熟而逐步发展起来,从而促进社会资本的形成。集群成员的合作时间越久,信任水平就越高,社会资本就越容易形成。企业投资于关系网络而形成的关系性资产使集群成员间的相互依赖增强,降低了机会主义可能性,从而提高了信任水平,促进了长期合作和社会资本形成。集群成员通过中介组织的联系和协调形成紧密的社会关系网络。社会资本通过复制、重构和流动,得以不断发展和优化,推动了集群组织的信任机制、知识共享机制和交易费用降低机制的发展。其中,信任机制是知识共享机制和交易费用降低机制的基础,良好的信任机制推动了知识共享机制和交易费用降低机制的发展,从而使得产业集群内企业获得资源优化配置绩效和创新能力绩效(张魁伟、许可,2007)。

产业集群升级要求社会资本要先行升级,而在产业集群升级后,社会资本则被要求更新与升级以进一步适应产业集群升级。由于技术变革或经营问题等产业集群中众多企业会被兼并乃至破产,而新进入企业不仅数量有限,而且其核心竞争能力也有待提高,因此,产业集群的社会资本存量会因之发生变化,其结构要不断调整以适应新变化。由于社会关系网络还需通过长期、密切的交往(如技术合作、市场交易、分工转包等)才能逐步确立起来,而基于企业信用和市场声誉的相互信任关系也需要在多次博弈的基础上才能确立。各种互惠的规范需要经过企业的理性选择,并在经济活动中加以实施后才能得到认可等,因此,产业集群社会资本的更新与升级必将是一个长期的、动态的演进过程(李新春,2002;蔡华林,2005)。

(三)产业集群外向关联运行机制

产业集群外向关联的主要实现形式是嵌入全球价值链层面的外向关联,也多从联网互动的角度研究产业集群是如何嵌入全球价值链的问题。链网互动的"链"是指全球价值链,"网"则指产业集群网络。链网互动是指嵌入全球价值链与产业集群网络有机结合,相互作用,共同促进产业集群外向关联升级。

借鉴链网互动机制的优势,利用产业集群外向关联运行机制促进产业集群外向关联升级。产业集群的生命力在于其区位根治性、市场开拓性和能够最大限度地发挥比较优势。地方产业集群必须应对国际化潮流,嵌入全球价值链,加强外向关联,有效利用国际信息、技术、市场等资源,提升在全球价值链上的功能定位层级。产业集群要实现升级,不仅要强化内部联系,挖掘区域内资源,更要注重外向关联,获取外部资源。地方产业集群要结合自身区域特色,挖掘地缘、血缘、业缘等因素,与区域外经济主体灵活互动,在全球价值链上捕捉和创造更多的价值,从而实现产业集群的不断升级(梅丽霞,2005)。

产业集群的外向关联必须以高的发达的内部关联网络为根基,运用外向关联路径参与国际经济竞争,进而构筑起内部关联与外向关联统一的外向关联双向路径,找到地方产业集群外向关联与本地内部关联的最佳平衡点,推动产业集群的持续升级。为了促进产业集群顺利嵌入全球价值链,可以实施 FDI 带动的地方产业集群战略,促使外资项目产生要素的集聚效应和资本的集聚效应,提升地方产业集群升级能力,顺利实现产业集群升级,同时,也增强了产业集群所在地区的自我发展能力。

第六章 我国制造业产业集群的发展与升级

第一节 我国制造业产业集群形成的基本驱动因素

一、市场是主要驱动力量

就我国制造业产业集群的产生而言,绝大多数是在市场规律作用下由企业自我发展而逐渐形成的。其中,广东珠三角的制造业产业集群是由外商直接投资驱动下的外向型加工业集群,浙江温州一带是依靠当地企业家和工商业发展起来的特色品产业集群,而北京中关村则是依托密集的国家高科技资源形成的高科技产业集群。这些产业集群都是市场力量驱动下自发形成的,当地政府只是在产业集群的雏形出现后才加以引导。而且,从发展历史看中国产业集群的主要驱动力也是市场,无论是外资还是民营企业,都是抓住中国改革开放的良好机遇,充分利用市场不断扩大和开放不断深化的大好时机,实现了空间集聚和产业分工合作,从而形成产业集群并在其中不断发展壮大的。例如温州柳市镇的乐清求精开关厂,1984 年 7 月创办时是一个典型家庭作坊,只有 5 名职工,年销售收入不到 1 万元,但是它抓住了当时市场需求旺盛、供给不足的机遇,大力扩展市场,并且通过效仿、衍生,到 20 世纪 80 年代末,柳市镇已有生产低压电器企业 2300 多家、家庭作坊 9000 多家。

二、地方政府发挥助推作用

我国制造业产业集群形成之初,基本上都是企业的自发行为,但产业集群的雏形出现后,地方政府往往都会积极扶持,对本地产业集群的发展作出了重要贡献。地方政府的重要作用主要表现在以下方面:一是提供各种优惠政策吸引投资,促进企业发展。地方政府通常在土地、税收等方面,制定相应的优惠政策,为产业集群的发展创造宽松的环境。二是完善基础设施,优化投资环境,增强招商引资的吸引力。三是建立工业园区,鼓励企业"进区入园",促进产业集聚和园区化进程。四是建立交易市场,扩大市场规模。五是举办产品博览会与商贸会,扩大对外影响力和市场知名度,实施区域整体营销,创建地域品牌。六是引导语支持企业技术改造,促进产业集群的产品技术升级。七是协调产、学、研结合,为产业集群创造源源不断的技术创新能力(张曼茵,2005)。

第二节　我国制造业产业集群的类别：基于形成机制的研究

由于地方基础、驱动因素等的差异,不同地区、不同产业的产业集群的形成途径存在较大差别,据此可以将产业集群划分为不同的类型。根据国内外学者的研究,从形成机制出发,主要存在以下几类产业集群。

一、依据地方传统优势,主要在市场力量的作用下形成

根据传统优势的不同又可以分为三类:以地方文化或企业家精神为基础、以传统优势产业为基础和以地方性资源为基础。温州是产业集群最发达的地区之一,当地传统吴越文化或现代企业家精神被认为是产业集群在这里得以快速发展的最重要原因。实际上,这种因素也是导致江浙其他地区大量出现产业集群的原因,它已经成为中国产业集群最主要和最广泛的诱发因素。以传统优势产业为基础发展起来的产业集群也很多,特别是在历史上的一些手工业集群地区,如福建德清的瓷器、江西万载县和湖南浏阳市的花炮制造业等。以地方性资源为基础发展起来的产业集群,如河南漯河的食品加工、江苏邳州的木材加工业等,主要得益于本地区所拥有的各种特色资源。

二、基于市场或交通等区位优势,在市场作用下发展起来

中国的改革开放是由沿海向内地逐步推进的,沿海一些地区借助区位优势,大力发展对外贸易,吸收外商投资,在"三来一补"的基础上形成外向型出口加工产业集群。其中,比较典型的如珠三角地区电子信息产业集群和苏南

地区、胶东半岛外资企业的大规模集聚等,前者形成的是我国规模最大、产品出口比重最高的电子信息产品生产基地。另外,一些产业集群是依托专业化交易集散地的大型专业市场发展起来,或依靠外部市场逐步形成的。如福建晋江的制鞋、广东佛山的陶瓷、中山古镇的灯饰等。

三、与大企业相关联形成的产业集群

有些产业集群是在为大型企业配套的过程中形成的,如山东青岛海尔集团、重庆嘉陵摩托集团、长春一汽制造等大型企业集团附近形成的企业网络、生产配套体系。另外,也有一些是通过大中型国有企业的分解、剥离逐渐形成的。一些管理松散、效率低下的国有企业通过拆分,鼓励工人创办家庭工业、私营企业,最后形成一系列"专而精"的企业群,最终形成类似于为核心企业配套的专业化产业集群。

四、依靠高校或科研院所的智力资本,自发形成的产业集群

在高校或科研院所集中的智力资本密集地区,通过技术人员的自发创业,推动新技术的产业化和高新技术服务业的发展,最终形成产业集群。中关村高新技术产业的兴起与发展就是最典型的例子。在 20 世纪 80 年代初期,大批走出高校和科研院所的教师和研究人员依托中关村地区高校与科研单位集中的优势,创办企业并相互促进,最终导致北京中关村高科技产业集群的出现。

五、政府直接推动下形成的产业集群

目前,中国依靠政府规划培育起来的各类园区很多,如大学科技园、高新技术产业开发区、经济技术开发区、工业园等,其中有些已经出现产业集群的雏形。虽然中国各级政府举办的各类园区数量众多,其中一部分在"园区化"的基础上已开始向"集群化"方向发展,但总体上看,完全在政府主导下培育产业集群比较难以成功。

第三节　我国制造业产业集群的升级:
经济升级与社会升级

波兰尼第一次出版《大转型》一书是在 1944 年,那时第二次世界大战的

硝烟尚未完全消散,市场扩张力量对全球资源和市场的过度掠夺导致整个资本主义世界陷入了无底的黑暗,经济崩溃、民生凋敝,似乎看不到资本主义的希望;在这种历史背景下所提出的"资本主义双程运动"理论,是对资本主义极端矛盾的深刻反思的结果,反映了劳动力、土地和货币在社会运转过程中具有"反商品化"的一面,并最终汇集成流,形成了对抗市场扩张力量的社会保护力量。

相比 1944 年《大转型》诞生的年代,现如今中国制造业产业集群转型的时代背景虽然远离了战争的苦楚,却隐含着诸多社会不稳定的因素,尤其是金融危机带来的全球化波动造成外部需求剧减,企业倒闭增加,失业人数增加,新增就业岗位大幅减少,劳动力市场的弹性越来越大,社会不平等和贫困收入差距越来越显著。作为劳动者的人的再生产和作为经济流动生命线的资本的再生产,双双陷入困境。在这种情形下,"资本主义双程运动"的历史启发着中国制造业产业集群的转型——从单纯追求经济升级转向追求社会升级,或者说,追求经济升级与社会升级的并行。

具体而言,经济升级意味着本土企业通过创新来实现获取附加值能力的提升,并且这种提升的速度相应快于国际市场的竞争对手。社会升级意味着通过企业自愿、劳工参与和政府干预等多方行为主体的合作行动,加大对劳动力的社会保障力度,促进其社会再生产能力的提升,并且这种提升的速度快于一国或地区的经济增长速度(或保持同步),使劳动者的工作技能和收入水平都能从企业的发展和国民经济的增长中获益。

在全球化波动的背景下强调我国传统制造业产业集群的升级内涵必须包括制造业企业的经济升级和劳动者的社会升级,这有着深刻的现实意义。

全球化刺激了发达工业国家的跨国公司纷纷来到中国寻求廉价劳动力,从而使得全球工业生产的工资待遇都面临下降的压力,表明中国在制定全球工资规则问题方面具有决定性的意义。摩根斯坦利的首席经济学家——斯蒂芬·罗奇(Stephen Roach),曾经把这种现象称为"全球劳工套利"(global labor arbitrage),在这种背景之下,跨国公司不断寻求更低的劳动力成本,导致一种全球范围内的"逐底"竞争,劳工及其他劳动力群体不得不相互竞争,看谁能提供最低的劳动力成本以及对跨国公司而言最有力的商业环境。用罗奇的话来说,这种全球劳工套利现象,已经对高工资国家传统的就业岗位来源,如美国,形成了一种强有力的结构性镇静剂。

由于空间的流动性不同,资本对于低素质劳动力和高素质劳动力两个市场的控制程度是不同的。资本对廉价的低素质劳动力成本的追逐,在很大程度上驱动了我国东南沿海地区劳动密集型产业集群的形成与发展;而当前从沿海到中西部地区的大规模产业转移,实际上是资本为了寻求更大利润和稳定增长而追逐廉价的劳动力。资本对于高素质劳动力的追逐,也可能在部分大城市形成高技术产业集群,如中国台湾的新竹科技园,北京的中关村科技园,深圳的南山高科技产业园;但是,相比于低素质劳动力的技能依赖专用性,高素质劳动力的流动意愿和能力更强。这种差异的结果,就是从大多数农村流出的低素质劳动力在就业的过程中,面对强大的资本控制几乎没有任何话语权。

资本的逻辑,或市场原教旨主义,简言之,就是资本用无休止地在全球每个角落追逐利润的最大化。对于劳动力而言,资本既是为劳动力提供就业、因而提供衣食住行使劳动力得以实现再生产的基本条件,也是劳动力终其一生不得不与之抗争、战斗甚至夺取权力的阶级斗争对象。然而现在,我们社会的"阶级分析"话语,早就被资本的逻辑所驱使的"现代性"话语取而代之了(潘毅,2007)。劳动力再次成为成本的价值符号,而不是被当做与资本家身份平等的社会主体。

我国是一个有着十三亿人口的大国,至今农村人口仍高达 56%,而西方发达国家如美国、英国的这一比例大都在 5% 以下。我国农村剩余劳动力的转移不仅与国家的工业化与城市化战略息息相关,而且已经为维护经济、社会稳定的政治问题,任重而道远。有关产业集群和农民工的问题不但关系到我国"三农"问题的解决和发展。而且事关我国经济、社会发展长远目标的实现。我国的制造业产业集群转型与升级战略,因为国情的不同,不能重走日本及"亚洲四小龙"这些本土市场相对狭小的经济体的老路——即通过产业升级把劳动密集型产业全部转移出去,而集中精力发展附加值高的高技术产业。因为我国人口众多,工业化和城市化的任务艰巨,农村还有大量剩余劳动力需要转移,劳动密集型的传统产业在相当长一段时间内仍是我国国民经济中的重要部分。现实的困难迫使研究者和决策者必须重新思考"全球价值链"和"产业集群升级"在我国经济社会转型期特定的内涵与意义。

第七章　我国制造业产业集群升级的制度障碍

第一节　区域创新文化障碍

二十多年前,由于国际竞争日益激烈,贫富差距越来越大,人们纷纷寻求造成国与国之间及一个国家不同区域之间发展不均衡的原因。西方区域经济发展理论的干预理论、依赖理论、中心——边缘理论曾解释这种不平衡的缘由,经过多年的理论发展和反思后,各国都意识到挖掘内在的区域发展潜力是区域经济可持续发展的根本保证,经济的不断持续发展来源于技术能力的提高,而技术能力的不断提高取决于本地区的良好的创新环境,大量实践表明,国际高技术竞争在很大程度上是区域创新环境的竞争。因为越来越复杂的高技术产品需要产业融合和交叉繁殖[1],只有存在创新环境的区域,才能创新。区域的创新环境正成为影响企业布局和区域分化的关键因素。在全球化与地方化趋势并存的世界经济中,更新和营造区域创新环境是很多国家政府为增强国家竞争优势而选择的一种重要的弹性政策措施[2]。区域创新环境的典型形式是产业集群升级环境,所以产业集群升级环境培育就是浓缩的区域创新环境培育。

一、创新文化与产业集群升级环境培育

霍夫斯特从管理的角度,将文化定义为某组织成员或某一划分方式下的人群所具有的精神气质方面的集体性特征。文化可以影响不同群体的成员对

---

① 王辑慈:《知识创新和区域创新环境》,《经济地理》1999 年第 2 期。
② 盖文启:《区域经济发展与区域创新环境》,《学术研究》2002 年第 1 期。

事物的看法和态度,进而影响他们的行为和反应(Adler & Jelinek,1986)。文化因素对于技术创新的影响一直为人们所重视。霍夫斯特在1971年到1973年之间对IBM位于不同国家的子公司进行了116000份问卷数据统计,研究了53个国家和地区的文化,提出了文化的五维度模型:个人主义与集体主义、权力距离、不确定性的规避、文化的阳刚倾向、阴柔倾向和时间倾向。

杨时鹏等(2003)认为,权力距离影响了组织内创新推动者的身份,在高权力距离的文化中,普通人推动的创新会受到阻碍。个人主义和集体主义影响了创新过程中人员的合作程度。不确定性规避影响了人们对于创新的态度。文化的阳刚倾向和阴柔倾向影响了创新的动力源和人们的风险偏好。在阳刚倾向的文化中,创新的动力是内生的,源于人们对未知的好奇和强烈的冒险精神;而在阴柔倾向的文化中,创新的动力是外生的,创新很多时候是源于环境的压力。时间倾向则影响了创新题材的选择。

Amabile研究了工作环境对于创造力的影响。并于1995年提出了"评价创造力氛围"的KEYS量表。KEYS模型包含影响工作环境中创造力的五大类因素,分别是对创造力的鼓励、自主性与自由度、资源、压力和组织中对创造力的阻碍。并由每一类别衍生出环境评价的八个层面,包括组织鼓励、主管鼓励、工作团队支持、自由度、足够资源、挑战性工作、工作压力与组织阻碍。

美国硅谷模式的巨大成功,吸引着世界各国纷纷效仿,各国的高新技术园区如雨后春笋般冒出,然而其中既有成果的例子,也不乏失败的教训。但可以肯定的是,到目前为止,还没有哪个科学园区能真正地与硅谷相提并论。很多学者在探讨这一现象时指出,经济和技术的发展深深植根于地区的非正式制度特别是社会文化。

二、合作精神与产业集群升级环境

区域内的合作文化渗透在区域内的各个角落,既包括老企业给予新企业的鼓励和建议以及资金上的支持,也包括各公司工程师之间非正式的合作与交流,以及公司内部各层次人员间所保持的非正式但却经常的联系与合作。技术产业在地理上的聚集,使得企业之间的相互信任度是很高的,例如,当某企业的原料供应发生短缺时,同行业企业可以及时提供帮助,而不需要双方签订正式合同,双方的合作靠建立在相互信任基础上的非正式契约来维持。

随着知识经济时代的来临和交叉学科的不断涌现,知识也呈现出全球化的趋势,技术创新所需要的知识和技术种类越来越多。面对这样的现实,区域产业集群的创新方向也从大规模生产发展到定制阶段,然而随着向复杂产品体系方向的发展,集群中企业创新投资所需的资本规模越来越大。由于新技术或新产品的市场具有高度不确定性,无论是其开发过程中所需的知识与技术支持或是资本需要,都是单个企业所不能胜任的。因此,一方面,技术创新已成为各类企业寻求有利市场竞争优势的必然选择;另一方面,创新所需的高资本、高风险及对知识的高需求却又是单个企业所不能满足的。基于此,当代创新的一个显著特点就是研发共同体的产生与迅速发展(Tsai and Ghoshal,1998)。通过建立研发联盟进行联合开发,一方面可以解决研发所需的资本困难,降低创新各方面的潜在风险;另一方面,双方的知识在此可以得到更好的互补与共享,大大提高创新成功的概率。

正因为这样,我们再次发现了集群区域的合作、信任度等非正式制度因素对于集群升级效果的作用。在一些社会资本较为充裕的地区,企业拥有共同的文化规范认同,社会成员的合作意识较高,他们大多拥有良好地合作经历、彼此信任。合作精神使得行动主体乐于告诉对方自己的想法,使得原本分散分布在区域各个角落及个体中的知识有机会得以整合并付诸实施。在创新协作过程中,良好地合作与信任态度也能保证合作双方默契配合、避免机会主义行动。皮埃尔和赛伯(Piore and Sabel,1984)对“第三意大利”的研究就发现,当地网络关系高度发达、区域创新能力较强的事实可归因于当地企业、公民对信任、合作精神的高度认同,而在亚洲一些地区集群协作创新的案例中,我们同样可以发现区域共同文化对于集群创新过程的影响。美国的硅谷正是由于特殊的合作文化氛围,人们在生产过程中易于自发地进行合作。这种文化所具有的强烈的渗透性和在区域内的迅速扩散,确保了知识在不同公司之间和相关产业之间,从一般技术人员到高级工程师之间的通畅流动。区域内人们之间正式与非正式的交流,使信息在区域内快速传递,有利于区域的发展适应当今世界快速变化的技术和市场。

第二节　非正式制度与嵌入型依赖

一、非正式制度与结构性嵌入依赖

结构性嵌入依赖是指产业集群企业之间的合作关系嵌入的某个区域的社会文化结构、信仰体系，形成某种特征与内涵，其未来演进与发展便具有不断保持、强化这些特征与内涵，从而很难被其他潜在甚至更优秀、效率更高的关系所替代的倾向。

（一）非正式制度结构变迁的时滞性

非正式制度的形成和发展有惯性依赖，这就是诺斯所提出的路径依赖。这种类似"惯性"的路径依赖使得非正式制度沿着集体的需要而最终形成并得以发展，这种路径依赖是源于非正式制度本身的稳固性，非正式制度的萌芽、生长是一个漫长的过程，但一旦形成，则根深蒂固。对产业集群形成和发展有重要影响的特定区域的社会文化结构、信仰体系、价值观等非正式制度是区域社会成员在长期生产、生活实践中逐渐形成的，隐含着区域成员对外部环境最为一般的共有认知与行动方式经验知识，是区域共同体成员集体学习积累下来的共同的认知，具有高度的一致性与相对稳定性，并且深深地嵌入于集群网络中，形成集群成员内部共同的认知模式，也可作为共同体成员的一致性观念在代际之间进行知识的传递和扩散，从而节省新成员认知及知识学习的成本。但是，由于区域文化体系是共同体成员积累性学习的成果，一旦形成后，它便具有相对稳定性与惰性，很难随着外部环境的变化进行及时再调整。因此，相对于外部环境变化的迅速及不可预期性，集群中的共同的文化传统、价值观及信仰体系的变迁过程具有充分的相对滞后性与不同步性。这是非正式制度结构性嵌入依赖产生的一个重要原因。

（二）非正式制度结构变迁的难移植性

非正式制度的变迁需经历一个较为长期的过程，具有时滞性，即使有国家和政府促动，很快变迁的是正式制度，非正式制度的变迁却很不容易，只能够通过诱导等办法逐渐变迁，这样就显示出时滞性。同时，这也造成了非正式制度移植的困难性。每一个地区都有不同的历史文化传统、价值观和信仰体系，而且深深地嵌入于当地社会网络中，很难被移植和模仿。一些正式制度可以因地制宜的从一个地区移植到另一个地区,从一个国家移植到另一个国家,但是非正式制度却因其内在的传统性和历史性,即稳固性和路径依赖,其移植比正式制度更为困难,甚至不可能移植。要对部分非正式制度进行成功移植,也只能在逐渐变迁、缓慢融合中进行,这是非正式制度结构性嵌入依赖产生的一个重要原因。

(三)非正式制度结构变迁过程体现的同质性复制

产业集群的成长可能会沿着既有的路径不断发展,一个重要的原因就在于某个特定区域的历史文化传统、价值观及信仰体系具有自我同质性再生功能。我们借鉴演化经济学的相关概念,就会发现,在任何给定时间,区域内部的行为主体必然运行着同样做事的方式和决定做什么的方式,这是因为,区域内的经济主体行为除了有正式制度的约束外,更多的是以非正式制度的惯例约束为基础的,这些惯例反映了区域内成员的一辈辈、一代代的共有经历体验与知识积累,并随着时间的推移不断的"传输"和"复制",深深地嵌入于本区域的社会网络中,影响和约束着本地区成员的行为。因此,区域内的历史文化传统、价值观及信仰体系甚至经济主体的各种惯例,包括区域内部各企业的生产技术、投资政策、产品组合策略等往往可以通过对新成员的教化及耳濡目染,达到循环式的复制,形成区域内的非正式制度结构变迁对历史文化传统、价值观及信仰体系的依赖。

二、非正式制度与关系性嵌入依赖

在社会转型时期,中国的社会资源配置机制发生了深刻的变迁,随着市场机制在资源配置中发挥着越来越大的作用外,另一个值得关注的现象,是非正式关系成为各种稀缺资源配置的重要变量。所谓非正式关系,是同受正式制度约束的正式关系如契约关系、职务关系相对应的一个范畴,指的是人们在各种非正式场合形成的能给行为主体带来多方面的社会需要满足的互利合作关系,也就是人们通常所说的建立在亲缘、地缘、业缘、学缘等基础上的既有情感和社会交往功能又有利益上的互惠意义的"关系"或"社会关系"。

非正式关系依赖是指所有各种亲缘、地缘、业缘、学缘等基础上的既有情感和社会交往功能嵌入一定的社会网络并形成某种特征及规模后,便具有沿着既有网络节点,不断自我增强、扩张,从而使集群中的成员很难再选择其他或更优质关系的情况。这种非正式关系性依赖总是与特定的区域内的主体行为相联系,突出表现在行为主体很难从其已有关系基础上进行拓展。这种对特定区域内的社会关系性依赖产生的原因主要是社会关系所具有的专用性。

在诺斯看来,制度变迁总是要付出成本的,这种成本包括制度设立的成本、制度协调效应的丧失以及学习成本等。威廉姆森在解释市场与企业组织的替代关系中,认为资产专用性、不确定性及交易的频率等三个指标是解释以企业内交易代替市场交易的重要原因(Williamson,1985)。他认为,由于资产具有专有性,假如交易过早地终止,所投入的资产将完全或部分地无法改作他用,因而在投资所形成的固定成本和可变成本中都包含了一部分"不可挽救的成本"或"沉没成本"。这样,在交易过程中,资产所有者就有可能受到对方的讹诈,被要求以较低的价格继续提供服务。反过来,在专用资产的服务的购买者一方,也有可能受到对方不继续提供服务的要挟。这样,只要契约双方中有一方投入专用资产,一旦另一方采取机会主义行为提前终止交易,投资方就可能蒙受损失。因此,保持契约关系的连续性对于降低因资产专用性而引起的违约风险及交易费用的上升具有重要意义,而交易双方采取企业形式,就可以保持契约关系的连续性,从而达到降低交易费用的目的。据此,威廉姆森认为,资产专用性是企业存在的重要原因。资产专用性程度也决定制度选择的机会成本,资产的专用性程度越高,制度选择的机会成本就越低,反之亦然。当资产具有完全的专用性时,制度选择的机会成本就等于零。威廉姆森的观点说明了,当市场交易中存在资产专用性时,机会主义行为在所难免,为了降低机会主义行为带来的交易成本,企业的存在是必须的制度选择。

这一理论运用在分析产业集群的由亲缘、地缘、业缘、学缘等基础上的既有情感和社会交往功能构成的非制度经济学的核心因素——社会关系的专用性依赖的分析也恰如其分。非正式制度的关系嵌入性依赖的产生原因在于:

(一)社会关系资源能给社会关系的所有者带来大量价值

集群中的成员,无论是个人还是企业的社会关系嵌入集群网络中后,其在网络的另一端往往联系着大量的有价值的人际关系资源。在这一意义上,集群网络中的社会关系与企业生产过程的其他资源一样,具有某种专用性。通过集群网络的不断再生和复制,网络中的成员越来越依赖于这种社会关系从事经营活动。

（二）关系型信任是集群成员行为约束的主要选择

关系型信任只能依附于特定社会关系网络中,调节特定的网络群体行为,使集群成员之间的行为约束具有专用性特征。集群内部成员的交易行为基于相互信任的基础之上而降低了交易费用,集群以外的成员没有相互信任的基础,其交易行为的约束只能借助于正式契约而增加交易成本。因此,关系型信任产生的天然封闭性与排他性限制了信任合作机制与信用体系在全社会的普及,使得企业网络内的交易优势与利益不能扩散到全社会交易系统中去。同时,外部信息、技术资源与创新意识由于网络内专用资本的"连环锁定"所形成的僵化体系的阻碍,其资源进入通道被严重阻滞。更为重要的是,在外部复杂性约束增加与竞争环境快速动态柔性变化的条件下,企业网络需要有以技术、信息、人才、研发、设计、营销、服务、制造等为战略目的的短暂性即时组合动态柔性能力,因此,以社会关系网络中关系型信任体系为依附的产业集群就面临着致命的即时拆分组合弹性制度性障碍,其技术创新能力与新要素新资源吸收能力就会被严重削弱,最后走向"制度锁定陷阱"。关系型信任这种社会关系资源对产业集群的影响是一把"双刃剑"。一方面,在产业集群企业网络发展初期成为其形成的推动器;另一方面,在企业网络面临产业升级与技术升级的发展阶段却成为重要阻碍力量。首先,关系型信任所嵌入的社会关系网络机制属于社会制度层面上的范畴,其具有明显的路径依赖与路径锁定特征,其次,这种关系型社会资本一旦与社会经济体中某种具有内生比较优势的物质资本结合起来成为企业经济租金与核心竞争优势来源,在系统自组织自我强化机制作用下就会形成"关系型信任锁定"或称"社会资本锁定"状态。

由以上分析可以得出,集群中社会关系专用性是指集群中的成员所具有的潜在社会资本价值总是指向于某一特定领域或用途,他很难在不降低自身潜在价值的情况下转为他用。集群社会关系专用性的存在,意味着任何在这个关系网络中的成员,脱离原有网络关系所付出的成本是非常高的,这就使得网络中的成员倾向于在已有的网络关系范围内行动并不断再发展网络以外的关系,以持续获得已有社会关系投资所带来的收益,这是集群社会关系专用性依赖形成的主要原因。

第三节　企业内部制度障碍

一、知识吸收能力

知识并不因为地理接近,就可以在空气中跟自由的传播,学习只在有限的知识圈中进行,主要发生在知识相互重叠又相互补充的主体之间,他们具有共同的交流语言和代码。王缉慈认为:集群内不同行为主体的信息和知识循环在地理区位靠近的条件下得到改善,创新机会也在地理接近的情况下增加。但是,仅仅因为地理接近,不会必然导致知识的扩散和创新的发生,创新机会的出现还需要有另外的条件:例如创新的社会文化、有力的制度安排等。它主要强调了外在制度环境方面的因素,事实上,即使在同一集群中,企业的学习情况也不尽相同,无论在内部制度安排还是对外部知识的获取上,不同企业扮演的角色是不同的,对集群知识存量的积累和传播所起的作用时不同的。更多的情况是,由于很低的技术能力和吸收能力,知识即使在空气中,有些企业也很难发现并很好地利用,从而享受不到集群技术学习所带来的益处。

全球每天都持续不断地产生新思想、新技术,但实际上知识转移过程要比理论上讲的复杂得多。企业要知识创新必须吸收和消化外界转移进来的新知识。Cohen和Levinthal(1989,1990,1994)认为吸收能力是认识新的外部信息的价值并通过吸收将其应用到商业中去的能力。企业最后能够得到的知识量取决于其他企业和机构溢出、转移的知识量和企业吸收内化知识的能力。即便外界有大量的知识可以随意获取,并不表示企业就可以随意共享这些知识,吸收能力是知识留存于内部的关键。从另一个角度来说,知识获得不是无成本的,企业不可能无偿搭便车。

知识传授与接收方的背景相似程度如何是左右企业吸收能力的最重要的方面,这种情况较多的出现于知识转移中。背景相似性包括了企业结构、技术、文化和员工上的相似性,或者说是同一程度。相似性越高,越可能有效地获取、消化和共享知识。

在一些企业中设有信息搜索中心或信息官这一职位,专门负责收集、整理、传递信息和知识。这一机构是对外的开放窗口,通过这个窗口,企业捕捉有用的知识和信息,起到知识传输通道和筛选器的作用,这样就可以使得企业与外界进行知识共享,从而提高企业的吸收能力。

技术上的相似性包括技术术语、经验等的同性,这有利于企业较快地鉴别技术含量、可利用程度及提高知识共享的速度和有效性。

文化是影响企业吸收能力最重要的因素。一个具有创新开拓精神的企业与一个故步自封的企业相比,前者对知识的渴求更强烈,更有动力吸收外界知识,其吸收能力必然要比后者强。

员工的属性如信仰、教育程度、社会地位以及个人偏好等方面所存在的相似性切实地关系到企业的吸收能力,因为他们是知识的直接接触者、处理者,也是集群技术学习的最终体现。相似性越高,意味着行动主体间的语言系统和理解力就越相似。另外,员工的主动性越高,越有利于集群技术学习。

除了以上与企业背景相关的因素外,影响吸收能力的还有所溢出和转移的知识本身的性质。一般来说,编码化的知识是标准、客观化了的知识,容易被共享,而隐性知识具有不确定性、非可见性和难以表述等特点,其交流需要企业背景、个体价值观和情境的一致性和较强的理解能力。因此,编码化知识较隐性知识更容易植入企业环境。

Cohen 和 Levithal(1994)还认为吸收能力是过去和现在在研究开发上投资的函数,该能力有利于内部的学习过程。研究开发不但创新知识,而且强化企业的吸收能力。当知识的复杂程度增加时,企业具有更强的动机从事内部研究开发。Cusmano(2000)提出企业不但应该具有吸收能力,同时还应该具有整合能力。他认为知识是分散的,仅仅吸收进来还远远不够。相对于吸收能力,整合能力对企业知识创造更重要,因为外部知识可以简单吸收的比例并不大,更多地还是需要整合,从而提高集群技术学习的效率。在产业集群中,除了卫星平台式产业集群,各企业垂直或水平相关,所使用的技术属于同一或相似领域,企业文化根植于集群文化中,这些相似性有利于集群内企业吸收并共享知识。硅谷的合作文化相当深厚,包括各公司工程师之间非正式的交流与合作。正是由于硅谷内特殊的文化氛围,人们在生产过程中自发的相互学习,确保了知识的理解在各种水平的公司之间,从最低水平的技术人员到最高技术水平工程师之间的吸收、共享和创造。

企业的吸收能力固然重要,但并非来者不拒,照单全收。在吸收知识之前,首先要进行筛选,其标准则因企业的不同而不同。一般来说,规模较大的企业拥有更多的资源,更强的研究开发能力,对高新技术的需求更强烈。而小企业更倾向于技术含量较低,复杂程度较低的知识。企业的战略也是知识筛选的一大准则。成本最小化战略使企业集中注意工艺方面的知识,而产品差异化战略则让吸收知识的方向转向市场信息。另外,在企业文化这道关口上,许多与其不符甚至冲突的知识均不会被企业采用。

二、企业在网络中的地位

网络地位是一个企业在经济网络或社会网络中的地位,表明了对外部知识的获取能力(可获得性及获得程度),进而影响技术学习的效率。企业在网络中的地位不同,其知识获得能力也不同,从而影响到企业的创新和业绩,达不到技术学习的理想效果。在网络中占据核心地位,可获得稀缺的知识资源,包括创新所需的外部信息和解决制造问题所需要的新知识,由此推动创新获得的开展。因为知识通常在网络内是不均匀分布的,处于核心地位的企业凭借其资源优势和在生产活动中发挥的重要作用,具有强大的聚敛知识的功能,是多种知识的交汇点。企业在网络中离核心位置越远,其所得到的信息和知识资源越少,知识获得能力也就越弱,很难谈及技术学习,更难产生创新。所以,企业的网络地位与技术学习效率是正相关的。

另外,地位体现的是一种角色扮演,也就是说,处于同类地位的企业扮演大致相同的角色。因此,在网络中,一个企业还可以根据网络地位来获得有关其他企业可能采取的行动信息。需要说明的是,一个企业所具有的网络联系可能是多维的,即它本身可能嵌入不同的社会网络或经济网络之中。这种嵌入可能是全部的嵌入,也可能是部分的嵌入。而且,这些联系的强度、性质以及其间传递的信息和知识等都有很大的差异。众多的网络往往就是因为有了像这样的具有多重联系的企业结点而实现了网络与网络之间的相互嵌入,使整个集群技术学习变得异常复杂。

企业的网络地位和吸收知识能力又是相互关联的,吸收能力会中和网络地位在获取知识中的作用。虽然核心网络地位易于获得新知识,其对学习与创新、业绩的影响还有赖于其吸收能力。一个企业可能有途径获得新知识,但若没有足够能力吸收新知识,它不可能提高新和业绩水平。一个企业越能获得其他企业的知识,就越需要更强烈的吸收能力,技术学习的水平也就越高。

第四节　外部环境制度障碍

一、社会资本

产业集群是介于市场和企业之间的一种组织形态,不可避免地会出现市场失灵的问题,基于长期合作所建立的产业集群的社会资本可以减少交易成本。美国芝加哥大学的社会学家 Coleman 教授于 1988 年提出了"社会资本"(Social Capital)概念,意指在一个社会群体中,行动者之间的某种社会关系。社会资本主要有三种构成要素:一是行动者之间的义务、预期与信赖;二是群体中的信息渠道;三是惩罚的规范与效果。Coleman 认为良好的社会资本能促进社会群体中行动者的某些行动。集群中的行动者因地域的接近、交往的频繁、亲友的情缘等因素很容易形成与积累良好的社会资本。Nahapiet 和 Ghoshal(1998)认为社会资本是根植于关系网络的现实和潜在的资源综合。当组织间具有强社会联结、信任关系和具有相同的价值和规范时,组织间知识转移和技术学习就更有效率。Kogut 和 Zander(1992)认为社会资本创造一系列高端的组织原则,其作为一种机制把知识转换为大众可以使用的普通语言,实现知识共享。Kostova(1999)认为企业内部充足的社会资本有利于知识的生产和转移。Kurt Annen(2001)对社会资本定义为:社会网络中基于合作的参与者的声誉。参与者是个人或者组织(家庭、企业、国家等),社会网络是参与者之间信息或商品交换模式和参与者的集合。基于无限次重复博弈的分析框架,Kurt Annen 建立社会资本评价模型。网络中合作的自我执行机制存在限制社会网络的包容性,而网络包容性决定市场的范围。Chung Ming Lau 等认为社会资本可以克服由于组织根植性所带来的知识在企业内和企业间获取和传播的障碍。在社会资本和吸收能力的共同作用下,集群技术学习会更有效率。总之,社会资本增加,对于降低交易费用,提高合作效率,促进集群技术学习,获取竞争优势等,都具有很大的促进作用。

二、产业集群关联度

马歇尔早在 1920 年的《经济学原理》一书中,就强调大量专业化中小企业地域集中和发展的重要性。在产业集群内部,大量专业化企业集聚在一地,使区域实现了规模生产,相应地,集群创造了一个较大的市场需求空间,对分工更细、专业化更强的产品和服务的潜在需求量也相应增加。基于核心能力的专业化分工合作是产业集群的主要特征。分工合作不仅满足了市场个性化和多样化的需求,而且企业可以根据生产的需求,通过建立网络关系进行交易,利用空间接近大大降低了每次交易费用,节省了企业搜索市场信息的时间和费用,有效地降低了交易成本,这种网络结构形成了外部范围经济,克服了单个大企业等级制组织的弊病。

可见,基于外部规模经济与范围经济的产业集群中分工合作的深化,提高企业间的相互依赖性,降低了交易成本,形成企业间的关联。所以,关联是衡量产业集群中分工合作的重要指标,而专业化分工合作则促成知识的生产、获取和利用。关联反映产业集群中企业专业化分工与合作的程度。企业专业化分工与合作是产业集群知识的源泉,因此产业集群的关联程度影响了产业集群的技术学习能力。

从知识资源的角度看,显性知识和具有合作倾向的隐形知识越丰厚,社会资本越大,集群关联度越强,那么集群技术学习能力也就越高。高的集群技术学习能力就使得集群具有在动态环境下不断提升异质性能力。所以说,集群技术学习是产业集群获取持续竞争优势的桥梁,知识资源、社会资本和集群关联度则是集群动态能力的基石。

三、信息技术发展

信息技术为产业集群技术学习提供了新手段。传统产业集群技术学习一般为面对面的交流,这也是集群较其他分散的组织模式的优势。信息技术的发展可以创造一个虚拟空间,让集群内各经济主体更多、更快捷地交流并共享知识。由于信息技术突破了距离的局限,在一定程度上削弱了企业地理集中的必要性,尤其是那些以知识交流为主体的高科技产业集群。信息技术能够建立起企业间虚拟的知识传输渠道,并且保证知识在其间流动得顺畅而高效,强大的搜索功能还能节省大量时间。可以说,信息技术大大提高了集群技术学习的效率。但如果说,信息技术的发展将使集群走向终结尚且过早。信息技术构建的虚拟网络存在一个很大的问题:信任缺失。通过信息网络交流的主体完全可以掩盖甚至扭曲真实的信息。而因为验证信息真伪的成本太高或根本不可能,引致对这种虚拟网络关系的不信任。此外,很多活动不能单靠虚拟手段来协调,面对面交流仍然非常重要,因为这样的交流能够发出电子互动框架内所没有的一些感觉。信息网络传输的知识多为编码化的知识,对隐性知识的传递作用非常有限。所以,信息技术促进了知识共享,提高了产业集群技术学习效率,但不能完全替代传统学习方式。

四、文化根植性

根植性是指经济行为深深嵌入社会关系中。而文化根植性则是相对于结构根植性而言的,它意味着集群中经济主体的活动及其结果不仅与集群的结构相关,同时还无所不在地受到弥漫在整个集群内的人文气氛的影响。

文化根植性为集群技术学习创造了有利条件,具体表现在:第一,促进群内企业共同学习。彼此信任的集群文化是一种巩固企业合作关系的黏合剂,使群内企业不仅可以以非契约的形式开展交易,而且能在一种信赖的气氛中交流和共享技术。这样一来就解除了群内企业对共同学习的戒备心理,使其愿意加大对学习的投入,这种长期化的学习将有助于形成一个良性循环而带动整个集群学习和技术水平的增长;第二,有利于提高群内企业的相对技术吸收能力。首先,共同根植的集群文化氛围,使得浸润其中的企业都能在潜移默化中积累起与该种产业相关的基础性知识;其次,统一的集群文化引导着群内企业形成相似的管理风格和经营模式,对知识流的处理方式也趋于一致;再次,集群文化也会影响到企业对机会的识别和目标判定,因此群内企业的商业预期上有着相似性。上述种种使企业具备了相对较强的吸收能力,从而大大提高了集群内的技术学习效率;第三,吸引技术人才在集群内流动。集群内从业人员都或多或少地受到集群文化的熏陶,带着相似的思想观念、思维模式或行为方式,他们在集群内的流动将不会遇到来自企业文化方面的抵制,而且这种流动仅限于在集群之内。一方面是因为集群文化对他们具有吸引力;另一方面是因为集群内外的文化差异将带来很大的切换成本。所以员工是献身区域的(马歇尔),这一特征对于集群技术学习无疑是有促进作用的。技术人才的流动加速了集群的技术学习,但这种流动被约束在集群边界之内又防止了技术资源的流失。

然而同时我们也要看到,随着集群文化的定型并且日益强化,会生成对外来者的排斥和防卫张力,表现为群内企业习惯性地在集群内部寻找学习伙伴而放弃更优越的外部知识资源,从而限制了集群技术学习的范围,知识共享效益得不到提高。此外,共同根植于一种文化使集群内企业在方方面面日渐趋同而压制了标新立异者的出现,这种无差序的混沌状态不利于技术创新,从而导致了集群技术学习在一种低水平上重复,学习效率得不到改善。这样一来,既缺乏外来知识对集群已有知识储备的补充和挑战,又缺乏内部的创新者带动跃迁式的技术革新,产业集群就很容易走进静态学习的误区,表现为群内的技术创新以修修补补的渐进创新为主而整体的技术能力增长缓慢。

五、技术市场

近二十年来,一种新兴市场——技术市场日渐活跃,他对知识的传播、生产和共享起着越来越大的作用。技术市场指为使用、传播和创造技术所进行的市场交易。这其中包括全部的技术内容(专利和其他知识产权技术)和专利使用权交易。它还包括不能申请专利或没有申请专利的知识(如软件或很多非专利的设计和发明)的交易。技术市场可能在集群内部,也可能在集群外部,但目前的发展趋势是技术市场全球化。即使是最初萌芽于服务于一个集群的技术市场现在也日益扩展其生存空间,谋求更大范围的技术交易。

技术要转化成实际生产力,必须要求企业拥有相应的资产(土地、设备、市场营销渠道等),而且回报的大小还要依赖于产品的产量和销售量,在资产上占优势或能够在更大规模内应用这项技术的企业将得到更高的价值。所以,一个企业是否将自身开发的技术直接商业化取决于其所拥有的资产和所能达到的回报率。它可以不用将技术转移到产品或服务中去,而选择向他人出售技术或其使用权,其结果客观上实现了集群技术学习。相应地,资产雄厚而又专精于某项核心竞争力的企业可以从外部购买而不是自己开发,技术转移成本一定会大大低于开发这项技术的成本。

在大中小企业于一体的产业集群中,大企业占有更多的资源,而中小企业则相对薄弱。但在一些高科技产业集群中,中小企业具有很强的创新能力,在缺乏商业化运作能力和资本的情况下,它们通过技术市场将自主开发出的技术或其使用权出售给大企业。在产业集群内,这种技术交易会更频繁。因为地理临近性降低了信用、技术试运行等交易成本。除了创新型中小企业,大企业也可能出让技术使用权,其目的是更好地与上下游客户和水平竞争者进行合作。如太阳公司准许 IBM 使用 Java 技术,Union Carbide 准许亨茨曼化学公司使用单体聚乙烯技术即是批准竞争对手的使用权。

技术市场作为一个中立市场,一方面,为持续不断地技术学习提供了源泉;另一方面,降低了技术准入障碍。有能力购买和吸收技术的企业都可以生产出同种产品,这增加了市场竞争。在产业集群内,有关技术的信息传递得更快,这使得多个企业在更短的时间内竞相采用相同的技术,从而导致利润下降。如果没有得到正确的引导和控制,这种集群内快速学习的优势可能演化成恶性竞争的劣势。技术或其使用权的转让不是任意的,其转让的次数要受到限制。

一个集群或一个区域在发展初期可以没有自主开发的核心技术,而通过技术市场或代工等方式学习其他地区的先进技术。此时,集群最需要的是培养自身的学习吸收能力。例如,日本的技术进口很多,其政策重点是培养吸收和采纳外国技术的能力。但在中长期来讲,集群必须有自己的核心技术。应该选择某些技术进行专业化操作,而通过技术市场获得辅助性技术。当然,这样做的前提是要有发达的技术市场。

第八章　我国制造业产业集群升级的制度创新设计

第一节　政府、集群与中介组织之间的制度创新设计

一、加强集群企业在知识扩散中的作用

企业作为集群创新升级网络的主要节点,是集群内知识创造和流动的主要载体。就企业而言,需要加强集群内企业专业化分工合作、提升企业竞争合作能力、培育"旗舰企业"的技术能力和创新能力和企业家的作用等更有效地促进知识在集群内的扩散。

(一)转变企业运行模式,促进集群内部企业加强专业化分工和合作

企业传统的运行模式就是基于"零和博弈"。但是,管理理论和实践已经证明:基于分工和合作的"非零和博弈"要比纯粹的竞争产生更大的经济回报。这是从经济意义说明专业化分工和合作的重要性。

从知识扩散的角度来看,集群内专业化分工合作对于知识的扩散同样具有重要的意义。集群网络的行为主体(企业)越多,知识外溢效应越加显著,因为节点间互动又会产生更多新的知识。从这个意义上说,网络的幅度对知识扩散具有一定的乘数效应。基于网络的管理成本性,即企业维持这些网络关系的管理成本就会增大。而且随着网络幅度的增大,还会出现网络收益的边际效应递减,因此,就存在网络的边际效应、网络的管理成本和网络的知识外溢效应三者的平衡问题。这个问题的实质就是"选择合适的网络结构",即网络的平衡性。

网络的平衡性包括网络的结构平衡性和技术知识的平衡性两层涵义。网络结构平衡性是指必须使合作伙伴的类型保持一定的平衡,一般来说,合作伙

伴类型主要有两种,一种是垂直方向的组合,另一种是水平方向的组合,因此,集群的管理者应该基于集群产业、集群生命周期等因素考虑集群的合理结构。网络的另外一个平衡性表现在技术知识的平衡性,即应该保持一个合理的技术差异性。一方面,应该培育集群内部的高技术企业,防止网络中节点的知识结构完全同质化;另一方面,又要积极提升集群内部大量中小企业的技术吸收能力,防止网络中节点的知识结构完全没有任何共通性。

(二)提升企业竞争合作能力

自组织理论认为竞争的目的并非仅仅是淘汰、更为重要的是优势互补。集群成员之间竞争合作关系就是成员在竞争过程中形成相互帮助的气氛、不断贡献自己的核心能力,帮助对方进步,同时自己也从对方的进步得到回报。集群成员之间合作竞争能力是促进知识在集群中有效扩散的关键因素。

(三)培育"旗舰企业"的技术能力和创新能力

要实现集群内部知识的扩散,首先需要知识的输入。因此,我们应该努力培育集群,使之成为作为全球生产网络的一个连接节点,继而成为全球知识网络的一个连接节点。要实现这个目标,依靠所谓"虚拟"的集群是不可行的,只有集群内的具体企业才能承担这个角色,而有效承担这个角色只能是集群内部的核心企业——"旗舰企业"。通过培育"旗舰企业"的技术能力和创新能力,使之成为"知识和技术的守门人"。通过这个"守门人"实现外部知识的"内化"。因此,只有依靠"旗舰企业",才能提升集群的技术和知识的吸收能力,才能实现集群承担世界产业和知识转移。

(四)发挥集群内部企业家的作用

要转变企业运行模式促进集群内部企业加强专业化分工和合作,要提升企业竞争合作能力,要培育"旗舰企业"的技术能力和创新能力,所有的一切需要集群内企业家的努力和贡献。

另外,要提高集群内部企业进行知识共享的动机(包括扩散动机和接受动机),要提升集群内部企业间的信任程度,要提升企业的合作透明度,所有的一切同样需要集群内企业家的支持。

进一步而言,知识的扩散过程必定会涉及各企业之间的利益博弈,因此需要及时协调各企业的关系。基于集群是介于市场与"一体化"之间的过渡性组织,企业之间的管理协调或市场协调在集群知识管理过程中就不再完全适用。因此,对于集群网络内的企业来说,它们最多的协调方式将是企业家协调——企业之间通过企业家个人的社会网络实现的协调方式。

二、加强行业协会在知识扩散中的作用

行业协会是介于企业和政府之间的一种中介组织机构,也称为"半公共机构"。由于行业协会的独特性,行业协会在协调集群内各个企业的关系上也充当着重要的角色。为了促进集群内外知识的有效扩散,行业协会需要倡导并促使群内建立一种"集体标准和规范",此外,为了避免群内集体学习的"路径依赖性",行业协会应该有意识地引导集群创新网络向外部拓展,即通过各种途径,把集群创新网络与全球创新网络联结起来。

(一)建立集群内集体规范与标准,促进集群内部知识的适度非缄默性,提高透明性

一方面,由于产品的同质性,集群内各企业间可能会存在相互恶意竞争的关系,因此,需要一些行业标准或行业规范对各个成员的行为进行规范。由于网络规范是一种集体的规范和标准,由某个企业出面制定可能会在网络内各成员之间出现抵触情绪,此时,就应该由行业协会出面组织各个成员共同制定和实施;另一方面,就前所述,知识的缄默性和模糊性将阻碍知识的扩散。通过产品规范与标准的制定,既能够将知识和技术适当透明化,方便相互比较和学习,又通过遵守标准过程实现知识的获得和扩散。

(二)培育集群学习文化,提升集群的学习能力和吸收能力

学习文化对集群内知识有效扩散有着重要的影响。安纳科·萨克森宁(Saxenian·A,1994)的研究表明学习的文化氛围对美国硅谷的发展有着重要作用。整个集群的学习氛围的形成将会影响集群成员,使它们逐渐形成学习的认同,从而形成某种集群文化。在文化的形成和培养过程中,行业协会的参与起着非常关键的作用。

通过学习文化的培育能够提升集群的学习能力,进而增强集群对于外部知识的吸收能力,有效地实现知识在集群内的扩散。学习能力既包括集群成员自身的学习能力,又包括集群成员之间的合作学习能力。集群成员自身的学习能力包括认识和评价外部新知识的能力、消化吸收新知识的能力以及利用新知识进行创新应用的能力。合作学习能力就是集群成员互动学习的能

力。在集群成员具备了与外部新知识交互的基础知识后,更需要与周围的成员充分地接触与交流,在充分信任的基础上进行合作以共同分享学习的绩效。合作学习的实现可以通过集群网络内平等主体间的自觉协调以实现自发的默契。

(三)构建正式与非正式沟通机制

行业协会一方面可以举办或鼓励企业参加学术论坛、专题会议、研讨会、市场分析报告等;另一方面可以通过强化企业家、高级管理人员、中层和基层管理人员、技术开发人员等各类人员之间的非正式交流,为知识与信息在集群内部的流动提供有效途径。

(四)推动本地网络与外部网络的联结

外地网络是产业集群内的企业知识资源的重要来源。一个封闭的集群网络很容易产生技术和知识的路径依赖性,从而导致网络结构的过度刚性和僵化,外部环境一旦发生变化,整个区域将带来灾难性的危机。

行业协会在联结本地创新网络与外部创新网络过程中发挥着重要的作用。例如,通过协会可以促使集群内中小企业与外部高校、研究机构建立合作网络,与外部供应商和用户建立合作关系,与外部领先企业和相关企业之间建立战略合作联系等。协会还可以组织集群内中小企业的负责人到国外考察,组织中小企业相关人员参加区域外的展览会或交易会,邀请国内外的技术专家讲课或培训等等。

三、加强政府在知识扩散中的作用

当地政府在集群发展中扮演何种角色,是一个颇有争议的话题。从如何提高集群网络内的知识扩散的角度看,集群网络中政府的作用主要体现在营造区域创新环境上。政府在知识扩散中的作用主要体现在以下几个方面:

(一)营造良好的竞争和创新环境

在集群网络内,企业之间的模仿学习容易形成一种恶性竞争,并且会抑制集群内企业的创新行为,这就需要政府制定出有效率、有利于创新的法律法规,以刺激集群内的企业在产品创新或工艺创新上的投入。政府在规范市场竞争环境方面还需要注意另一个误区,即政府应该鼓励竞争而不是扭曲竞争。政府不应该为了所谓的"政绩工程",过于扶持集群内的某些大企业(如在制定政策时倾向于这些大企业),这样做的后果只会造成集群创新网络的畸形发展,不利于发挥网络的集体竞争优势。

(二)制定合理的科技政策

尽管集群网络中企业间的学习加速了集群内知识的扩散和创造速度,但学习效率的高低最终还是取决于企业对这些知识的消化吸收和创造能力,这就需要在相关技术上具有一定的知识积累和人才积累。因此,需要政府制定合理的科技政策,加强本地大学或科研机构在基础科学和应用科学等方面的研究,加强对高级技术人才和管理人才的培养;需要促进知识机构与集群企业建立长期合作关系,积极为集群成员与外部知识源的合作牵线搭桥,发挥桥梁作用;建立完善的集群人才流动机制,鼓励企业衍生,协助行业协会等促进集群成员的交流和沟通,促进隐性知识在集群成员之间的流动。

政府在制定科技政策时,可以做以下两个方面的工作,一是推动专业化的教育和培训计划,二是鼓励本地大学或科研机构参与到集群创新网络中去,鼓励它们与企业共同研究与产业集群发展相关的技术,尤其是产业集群发展相关的前沿技术、共性技术和关键技术。

(三)吸引外商直接投资

集群网络与外部网络联结的一种重要方式就是吸引跨国公司在本地设立分支机构,这是因为跨国公司子公司与母公司联系可以从海外带来很多新的信息和技术。通过这些分支机构,集群网络能够与全球网络连接起来,网络内的企业可以获取最新的技术信息和产品信息。我国珠三角地区就是集群网络在本地与全球网络连接的一个成功案例。当地之所以能够成为中国 IT 制造业产品创新的主要来源,很大程度上在于利用了设在当地的跨国公司的分支机构。以东莞石龙镇为例,该镇以生产电子终端产品为主,镇内聚集了台湾地区的唯冠科技、日本京瓷、美能达、托普康、TKR 等跨国公司,通过与这些跨国公司的交流与合作,本土企业的创新能力不断提升。

第二节　产业集群内各利益主体之间的制度创新设计

集群内部各利益主体间的关系,突出的表现为相关行业内上下游企业之间的关系,而企业间的相互关系又更多地表现为企业家行为之间的相互影响、相互制约的关系。因此,通过研究企业家之间及企业家与产业集群的关系是设计我国制造业产业集群升级的有效途径。

一、企业间结网与企业家结网

集群和群内企业家之间也并不是单向的作用关系,在集群影响着企业家成长的同时,企业家也通过自己的活动作用于集群,并推动了集群的发展。

(一)企业衍生

企业家作为市场风险的承担者,其创业受到市场效率和要素供给、产业配套等激励和制约,因此,寻找市场机会是企业家的重要职责。在地区的现有资源条件下,由于一些外在的因素导致创业机会的产生,这些现有资源和创业机会被潜在企业家发现并加以利用,就会出现企业家的创业活动。换句话讲,当偶然性因素为某一企业创出利润时,由于人对利益的追求的自发性和普遍性,其他企业家必然有强大的动力追逐这一利润。如果利润来自于廉价劳动力、特殊的自然资源、优惠政策等区域资源优势的时候,先行企业不具备垄断能力,无法阻止其他企业的进入。随之出现的便是企业数量的不断增加,产业集群也就在企业不断集聚的过程中形成了。

从发展的经验来看,或者是地方政府为企业家改善当地市场环境(包括基础设施和营销条件),或者是领先企业家("龙头"企业)的创业示范作用推动了创业过程得以实现。这两者在集群形成过程中的重要意义都在于外部性,地方政府作为企业家的外部性意义在于降低市场交易成本,而领先企业家的外部性则在于知识扩散而带来的外部学习效应,以及由此带动的大量企业家效仿(创业)而形成的企业衍生。

因此,从企业衍生角度来看,创业的企业家在集群中发挥了"示范者"角色,其意义在于,企业家对其他的个人(潜在的企业家)产生了影响,促使更多人创立自己的事业,从而促使更多企业家的产生,同时也伴随着产生企业在这一区域的"繁殖",从而最终形成产业集群。

(二)企业间结网

从产业集群的形成看,集群并不是由一个个孤立的企业扎堆而成,而是通过企业家的地方网络相互交融形成的有机系统,从空间的分布而言更多的情况是树状结构。

　　大量研究证实,企业家社会关系网络是其创业机会成功的主要来源。创业者的社会关系网络越密集(与外部联系越多),其创业感知力就更高,更容易感知到潜在创业机会(Hills,1997)。创业是基于机会的市场驱动行为,是企业家进行创业机会开发、开创新事业的整合资源的行为过程,其对企业家个人的社会关系网络获得创业资源,具有很强的路径依赖性。

　　企业家的社会网络与产业网络是物质、信息、技术与知识从某企业家的企业扩散到集群其他企业的重要渠道。通过企业家的桥梁功能,独立的企业家网络编制成为集群网络,各类信息、知识在集群网络中流动、传播,进而促进集群的形成发展(孙伟、赵盎,2006)。

　　企业间结网(企业家构建地方产业网络)主要是基于以下两方面的原因:一是为了降低生产成本,即企业通过地理空间上的接近,可以节省交通费用、降低交易成本并利用当地的劳动力及社会关系资源等;二是为了提高生产柔性,以便及时应对竞争加剧、需求复杂多样、不确定性增加的市场环境。

　　企业家在无需扩大固定资产投资的前提下,通过地方网络把中小企业有效的组织起来,让他们为其代加工生产部分或全部成品、半成品,这样既能够有效的保存企业核心竞争力,快速反应市场需求变化,并降低生产时间与成本,又在客观上促使集群产生较强的协同效应和较高的集体效率(吕文栋、朱华晟,2005)。

　　产业集群成长的不同阶段具有不同的企业家社会网络。在初始阶段,由于环境分割及手工作坊的组织形式,业主的社会网络往往以是强联系为主,并且局限于一个狭小的范围内。在成长阶段,企业家的社会网络具有两种形式:一是从自身手工作坊演变到现代企业的企业家往往具有巨大的、稀疏的、多样的网络提供给企业家获取信息与资源的渠道;二是新建企业的企业家往往具有两个或更多不同网络的强联系,以促使企业家把导致新组织形式的新联合聚集在一起。在成熟阶段,在单个产业内的广泛、强联系接触提供给企业家深度的知识,而这对于建立组织以及在高水平竞争中获得生存所必需的。但因为维持一个网络需要时间与其他稀缺资源,所以更大的网络可能只有更弱的联系(刘冰,陶海青,2005)。因此,企业间结网行为在更大的意义上可归结为企业家的结网行为。

（三）企业间专业化分工合作

从经济学的角度而言,产业集群与其说是一种组织,还不如说是一种分工合作机制(郑健壮,2005)。企业衍生和企业间结网所吸引和带动的关联产业配套与要素供给条件的改善,进一步推动地区企业家精神的发挥和灵活专业化分工合作的实现。企业家的知识通过他们的主要分包商传递给外包网络中的企业以及产业集群内的其他社会经济主体。如果把产业集群从分工的角度看做是分工网络的扩大和合作秩序的扩展的话,就不难理解一个地域的企业家和企业家精神对产业集群形成的推动作用。

创业者感知创业机会往往以特定产业分工背景为依托(李剑力,2006)。企业家进行创业就意味着进入某个产业参与竞争,并在竞争中获取机会所蕴涵的潜在收益。从产业分工角度,创业者通常只能在某产业的某个或某些环节上展开创业活动。一般来说,企业从事与自身能力相适应的活动,因而企业的边界由他的能力所决定,通过对各种活动的协调,在其生产和服务过程中体现企业的能力。由于企业所从事的只是某种分工活动,所以他的活动从来都不是孤立的,而是与其他相互依赖的,企业间活动是互补的。这样,就使得许多创业者围绕某特定产业进行创业活动,结果便出现了创业企业围绕某产业集中创业,通过截取产业链上的不同环节进行创业,并实现了产业内的分工与合作。

产业集群关系网络的形成实质上是价值链网络的形成。企业依托自身特定的资源和能力在价值链网络中处于不同的位置,形成专业化分工的网络(向希尧、朱伟民,2006)。从这个意义上来讲,促成产业集群关系网络形成的根本原因在于企业在资源和能力方面的异质性,由此才能实现专业化的分工和合作以共同构成完整的价值链。企业家在寻求前、后向的合作伙伴时,要求企业彼此之间的资源和能力是异质性的,且具有互补性。这种严密的分工体系使企业之间相互依赖性较强,又受到地域邻接性的影响,企业必然会发生频繁的交流与合作。

集群内的每一个企业都不是独立的生产系统,企业家在经营活动中,为了减少交易成本和利用当地的劳动力及社会关系资源,通常在本地出现企业间专业化分工和合作。企业家在力求其他竞争力的前提下,将部分和全部产品、半成品转包给其他专业的生产商,或者委托给具有较高的专业技能的生产商,地方的中小企业由此被吸纳在这些领头企业的分工与合作网络之中。

企业家通过或强或弱,或直接或间接的联系组成庞大的关系网络,这种网络使创新在集群企业内扩散,从而产业集群通过内部分工的外部化实现了外部规模经济效应,集群内企业通过和供应商、客户的上下游产业合作,实现最优价值链分工。

二、企业家对于集群竞争力提升的作用研究

集群竞争力是由于集群这种特殊的经济组织形式对于集群内外部资源进行不断的整合基础上所产生的销售、孵化和创新的能力,它最终表现为这种特殊经济组织的财富创造能力(郑健壮,2005)。产业集群的竞争力源于内部创新活力,而这种创新有赖于企业家精神。也就是说企业家是具有主观能动性的,是能够积极地创造和改变环境,从而建立竞争优势的力量。当企业集群形成与企业家精神的培育相互作用时,经济增长就表现出和谐的演化过程(杨雪峰,2006)。

(一)资源集聚

在协调良好的、有利于企业家创业的资源集聚环境中,每一种资源都相互加强影响,促进产业集群的演化,演化的结果是集群的持续发展能力和抵御风险能力不断得到增强(陈继明,2007)。集群的产业链迁回和延伸产生了巨大价值空间,需要更多的企业家资源配置其中(杨雪峰,2006)。共同的地理集聚不断加强企业家之间的联系,共同的利益需求促使企业家在某些方面具备了一致对外的可能性,从而强化了集群的竞争力。

第一,企业资源集聚有助于集群产品的销售。集群的不断发展能够在市场上形成"品牌效应",从而实现了市场的扩大;在相同的条件下,企业集聚更有可能形成"柔性生产体系",从而一方面扩大核心企业的生产和销售能力,另一方面提高集群内企业对于市场的"响应度",从而进一步提高其他企业销售能力和销售量;企业的集聚和网络的存在,为集群内企业提供了更多的销售信息和销售渠道。

第二,企业家资源集聚促进新企业的诞生(孵化)是集群发展的一个重要特征。集群之所以能促进新企业的诞生,是因为集群作为资源集聚的核心功能把资金、技术、知识、人才和信息等要素充分自由的组合,从经济学的角度来

说,生产要素充分组合是促进规模报酬递增的一个重要条件。

(二)知识共享

知识是企业竞争优势的源泉,集群竞争力同样来源于知识。由于知识(技术)在集群内的共享使集群内企业普遍提高了生产、技术和销售能力;知识(技术)的扩散不仅有利于集群整体的创新,而且有利于企业孵化和小企业的快速成长。这些都将促进集群竞争力的提升。由于企业家是知识的主要承载体之一,企业家知识共享对于集群竞争力的提升有重要作用。

首先,企业裂变是我国产业集群内部企业间知识(尤其是缄默知识)扩散和共享的重要途径(郑健壮,2005)。以浙江嵊州领带产业集群的发展为例,嵊州当前在规模较大的领带企业中,50%以上是直接或间接地裂变于佳友公司。佳友公司的前几任总经理辞职以后,纷纷开办了自己的领带企业,他们对领导的生产工艺和技术设备了如指掌,因此,企业家在创办自己的企业以后,马上就可以把这些知识转化成企业的知识,从而推动了整个创新网络中的学习。

其次,作为创新主体的企业家,要完成知识的整合,实现创新,很大程度上取决于知识的流动性。但是隐形知识具有很强的个人属性,流动性较差,在缺乏足够能力、时间和精力等情况下是难以进行编码化,而基于个人社会关系网络的非正式交流可以在这方面发挥较好的作用。同时,非正式交流又能加快显性知识向隐性知识的转化,即知识的积累,使显性知识构成企业家创新能力的有机部分。非正式交流提升了集群内知识的共享水平,人们在不断扩散知识的同时,又能大规模地汲取他人的知识,最终大大增加了集群整体的知识积累水平。

(三)技术创新

张辉(2002)认为产业集群竞争力的来源之一是集群所获取的各种有利于集群经济发展和技术创新等方面的积极因素。创新作为企业获得持续竞争优势的源泉逐渐受到企业家的重视。在企业技术创新的过程中,企业家无论是在寻求、发现新技术并努力实现技术的市场价值,还是在选择企业技术创新的实现方式并具体组织实施创新过程,还是在通过制度创新、管理创新和文化创新来促进企业技术创新方面的作用都日益突出。

企业家对技术创新的促进作用,使集群的创新得以持续,并由此提升产业

集群的竞争力,其过程可归纳为以下三个方面:

首先,由于知识(技术)共享,优势企业为新创企业提供了无形的知识(技术)资源和创业精神的指导等,在良好的创业环境、学习环境和企业家培育的环境的共同作用下更有助于新创企业的发展。另外,优势企业为了防止新创企业的"追赶",可能会更进一步地进行创新。两种企业的相互赶超促进了集群竞争力的提高。

其次,在集群这样一个特殊的环境下,一方面,集群内企业比集群外部企业更有创业的压力,另一方面,集群关联的巨大的产品市场又为创新提供了巨大的需求和创新的源泉。因此,在这两种力量共同作用下,集群有可能会表现出来了比非集群环境更大的创新绩效。

最后,集群内企业通过相互的学习能实现创新商业化过程中风险的过滤机制。通过入驻集群这样一个经济组织,新创企业通过学习,一方面能够了解项目和市场的情况,技术的发展方向以及相关的政策,尤其是成功企业的"成功之道",使学习和创新具有更高的效率;另一方面能够从集群内失败企业中了解失败的原因,降低创新的失败率。另外基于能够较快和较全面了解集群内合作者的情况以及通过集群内其他企业了解集群外合作企业的情况,从而大大降低了相应的决策风险,提高了创新的成功率和创新的速度,从而使集群创新具有较强的动力和持久性。

第三节 实现集群升级的制度设计:激励相容的制度体系

一、产业集群的市场服务体系

良好的市场服务支持是发展产业集群的前提。通过建立市场服务体系为集群内企业提供服务,是引导企业的创业行为、经营行为符合国家和区域产业政策要求,改善和提高群内企业素质,促进群内企业的快速成长的客观需要。

产业集群需要能够提高市场效率的专业化中介服务组织,市场中介组织在优化市场环境、加速市场培育、维护市场秩序、提高市场效率上都能发挥出政府难以替代的作用,并在为市场各主体提供全方位、高质量服务上,承担着越来越重要的职能。

　　产业集群需要能够解决中小企业的融资困难的金融服务渠道。尽管中小企业在国民经济中的地位和作用越来越突出，但由于中小企业并非国民经济的核心和命脉，在吸引资金方面没有明显优势；同时由于信息不对称、风险和成本偏高、金融政策歧视等原因，使中小企业往往难以得到金融机构的信贷支持。这样，资金匮乏就成为中小企业发展壮大中普遍存在的严重问题。

　　产业集群需要能够降低集群内企业内部和外部交易成本的中间品市场体系。"依托产业建市场，发展市场兴产业"，已被证明是推动区域经济发展的一条成功之路。由产业而兴市场，由单个产业带动系列产业，由单个市场带动成片市场，进而形成产业集群和市场集群的集群共生现象，这就是产业集群与市场集群的协同互动机制。通过构建与完善中间品市场，可以实现制造业小企业与商贸业小企业的专业化分工，使它们共享销售网络所带来的外部规模经济，降低中间品交易的不确定性风险；通过构筑制造业小企业集群，将某一特定的最终消费品制造过程分解为众多的中间产品（零部件）的制造环节，并分别由专业化程度很高的小企业进行生产和组装，这种企业之间围绕产品链而形成的高度的专业化分工与协作，又使集群内的每个小企业都能享有"零部件规模经济"，大大降低群内企业内部和外部的交易成本，从而促进群内企业的快速成长。

　　产业集群需要能够提高集聚效应的物流服务体系。现代物流已发展成能将运输、仓储、装卸、加工、整理、配送、信息等方面进行有机结合，形成完整的供应链，并为用户提供多功能、一体化的综合性服务。而产业集群发展本身也是一种聚集经济，是人流、物流、资本流等各种生产要素聚集在一起的规模化生产，以生产的批量化和连续化为特征。但是，聚集不是目的。要素的聚集是为了商品的扩散，如果没有发达的商业贸易做保障，生产的大量产品就会堆积在狭小的空间里，商品的价值和使用价值都难以实现，中小企业的基本运转就会中断。因此，在产业集群发展过程中，建立合理的现代物流系统对降低集群内企业的交易成本，促进集群内企业产品和服务的多样化，提高对集群内企业信息服务质量，扩大产业集群的影响力等方面都将起着基础性作用。

二、产业集群的技术开发体系

　　有效的技术开发体系是集群创新的保证。由于区域经济增长的动力正由主要依靠投资推动转向投资和技术共同推动,尤其是技术创新对经济发展的推动作用正逐渐增强,可以说,产业集群对技术创新有着强烈的需要,技术创新既是集群适应市场竞争的需要,也是集群实现产品差异化的需要,更是集群实现对共性技术创新的需要。因此,在日益讲求创新绩效的今天,如何实现研究开发、生产转换与市场开拓一体化,如何将创新成果快速地转化为能够带来市场需求的回报,已成为提升产业集群竞争力必须解决的课题。

三、产业集群的区域创新网络体系

所谓区域创新网络,是指各个行为主体(企业、大学、科研机构、中介服务机构和地方政府等)之间在长期正式或非正式的合作与交流关系的基础上所形成的相对稳定的关系系统。完善的区域创新网络是发展产业集群的基础。按照传统的经济发展模式,人们比较关注单个主体的创新活动,如企业的技术创新活动,政府主持的从微观到宏观的"自上而下"的制度创新等,而在技术信息化时代的今天,这种传统模式很难适应形势的发展要求。作为一个区域经济体,其包含的主体要素主要有政府、企业和科研开发机构三类,只有以主体创新功能的发挥为基础,建立一种相互沟通、相互作用的新型合作模式,才能使区域整体竞争优势增强。因此,区域创新网络的构建,不仅有利于保证区域内创新主体竞争的公平性,并通过网络的传播和扩散,使个体创新集成为区域整体的创新能力,而且有利于网络信息资源的迅速传递,改变人们保守陈旧的观念,弱化区域文化中对创新的不利因素影响,从而推动创新向更高层次发展。同时通过建立虚拟产业集群,利用网络经济创造的先进的信息技术支撑系统,使产业集群的运行能够突破时空概念,在更大范围内共享资源、共享信息,从而有效地解决产业集群跨区域合作的困难。

四、产业集群的政府支持体系

适度的政府支持是集群发展的环境条件。由于市场机制固有的缺陷和区域经济的空间特性,单纯依靠市场力量很难保证区域始终沿着最优路径发展,特别是在我国市场经济体制还不完善的情况下,发展产业集群还需要政府支持。通过政府的介入和干预来控制产业集群的外部负效应,实现资源的有效配置;通过政府提供公共产品来优化区域经济发展所需要的基本环境;通过政府建立一个行之有效的市场运行和调节的规则体系,在规范人们行为的基础上,建立社会信用,保护包括私人财产在内的各类资源产权,消除市场进出壁垒,制定入园企业规则,为各类经济主体创造自由选择、公平竞争和安全有效的生产和工作环境,维护必要的市场秩序;通过政府的产业引导和科学规划来进行重点产业选择,并促使其向集群式发展,避免国内许多园区出现的群而不聚的现象,影响集群效应。这是提高产业集群竞争力所必要的环境条件。

第四节　推动制造业产业集群升级的策略研究

一、着力培育产业集群升级的内生能力

中国制造业的产业集群升级,培育内生能力是关键,其基本手段是以产业链高端环节为培育重点,以技术创新为抓手,使产业集群在出现能力提升的同时,融入国际产业链的高端。

（一）培育发展地区优势集中的产业集群

对这些产业集群实行资源配置的结构性倾斜,在错位竞争和综合协调中提高整体竞争力。其重点是提高产业和产品的技术含量,加快技术密集型产业的发展,推动产业机构的调整升级,有选择地拓宽劳动密集型产业的增长空间,有重点地发展资本密集型产业和产品。利用发达国家或地区产业转移模式和结构变化的重大机遇,在加强本身技术研发和创新的同时,有效利用跨国公司的技术转移和研发转移。尽快做大做强有较大规模、技术比较密集、市场前景看好的产业和产品,带动产业的快速增长和效益的提高。

（二）培育有利于集群企业技术创新能力提升的环境

企业技术创新能力的提升需要政府和企业两方面的环境保障。政府发展核心技术唯有把企业作为研发和应用的主体才能成功,政府的政策唯有把拥有技术创新能力和实力的企业作为扶持重点,才能使产业和企业品牌获得持续的发展空间和后续动力,最终推动产业集群的整体创新。良好的创新环境是吸引创新人才的基础,也是保证新技术、新工艺和新产品源源不断涌现并快速商业化的前提。宽松的政策环境、完善的基础设施、快捷的信息通道、充裕的资金来源以及创新的文化氛围是良好创新环境的必备条件。在具体政策体现上,必须把鼓励产业集群企业技术创新作为增强制造业产业技术创新能力

的一个重要目标,把支持企业技术创新列为制造业集群中、长期科技规划的一项重点任务。在政策上保证企业逐步成为技术创新的决策、投资、开发和收益主体,增强企业的研究开发能力,坚持先进技术引进和消化、吸收、创新相结合,实现市场开拓、技术创新和生产经营一体化;深入研究和制定保护产业集群内部知识产权的有力措施,进一步为企业技术创新创造良好的法制环境。

(三)推动劳动密集型产业向欠发达地区转移

根据我国经济发展的阶梯状分布结构,要逐步加快产业集群由东部向中西部转移的步伐,为东部地区的产业集群高级化腾出空间。建设转移产业集群的突破口在于加快产业转移工业园的建设,营造好新园区的产业集聚环境,重点解决好基础设施配套、劳动力来源、营商环境等问题,畅通新老集群之间的人才通道、物流通道和信息通道。新腾出的空间要进行重点规划,由于转移后的空间实际上不可能很大,因此,必须将有限的土地资源优先用于解决产业共性技术平台发展用地、龙头企业升级关键技术环节建设用地、引进国际产业转移的技术中心或可能起带动作用的龙头企业用地。

(四)注重在研发、品牌方面培育产业集群的自主知识产权

世界制造业发展的技术路线一般是:OEM—ODM—OIM—OBM。产业集群的技术升级就是要努力推动产业集群内部核心产业和主导产品向第三、第四个阶段发展,从而加快产业的技术进步和结构升级,提高中、高端技术产品的比重。具体来说,一是加快高新技术多传统产业的改造,提高产品的技术含量;二是通过把握对外转移和提高技术水平的时间和速度,处理好资本密集产业与劳动密集产业的发展关系。

(五)加大对集群内部龙头企业技术创新的扶持力度

一般来说,产业集群都有规模和技术在行业内处于领先地位的企业,这些企业的创新与发展,对于整个产业集群具有示范作用,而这些企业相对于国际商同行业的跨国公司,可能仍然是小企业,处于弱小地位,在市场竞争的环境下,要面对跨国公司的竞争和被吞并的威胁。因此,不能过分强调竞争,特别是不要轻易让国外跨国公司对这些公司实施兼并或收购。为了提升这些企业的竞争力,必须解决企业在经营中的难题,利用建设技术中心等方式,培育企业的自主技术创新能力,打造企业的核心竞争优势。

（六）发挥政府的组织作用，培育新的产业集群

在经济发展比较活跃的地区，政府的财政支配能力比较强，可以借鉴美国北卡罗来纳州的经验，拨出专项资金，用于产业集群的培育。具体来讲，就是选取某一产业几个有代表性的企业，促使其结为产业集群，并为这些企业的发展提供一定的资金保障，用于企业规模和技术研发，奠定产业集群发展的基础。

二、完善社会化服务体系，构建功能完善的公共服务平台

社会化服务体系是指以产业集群为依托而建立的服务性机构，包括产业公共服务平台和支撑体系。这些机构通过市场化的方式，为集群内的企业提供公共服务。产业公共服务平台包括技术创新、人才培训、质量检测、信息服务、商贸物流等；支撑体系包括信用担保、商会和行业协会等中介机构，如生产力促进中心、创新中心、技术开发中心、检测中心、试验中心、信息服务中心、网络中心、融资担保机构、行业协会、商会等。在推进产业集群服务平台建设过程中，要突出重点，着力加强技术研发应用、信息服务、人员培训、质量技术标准和检验检测、产品交易与物流配送等功能的建设。政府在公共要素投入、公共服务平台建设方面，要发挥培育和引导作用。可由政府或通过资产经营公司出资支持服务平台的建设，并逐步运用市场化的方式推进服务平台的完善和发展，引导民间资本参与公共要素的投入，努力构建功能完善的公共服务平台。

（一）构建公共科技基础条件平台

公共科技基础条件平台能为科技创新活动提供基础条件保障体系。公共科技基础条件平台包括科技文献资源共建共享平台、大型仪器设备协作共用平台、实验动物公共服务平台、知识产权公共服务平台和标准化技术服务平台。整合、重组和优化现有大型仪器、科技文献、实验动物、科学数据、科技信息等科技资源，充分运用信息、网络等现代技术，充分利用国际国内科技资源，搭建具有公益性、基础性、战略性的公共科技基础条件平台，加快科技资源信息化、网络化步伐，有效改善科技创新条件，增强持续发展能力，为科技长远发展与重点突破提供强有力的支撑。

（二）积极打造技术创新平台

面向行业的共性技术和关键技术,构建有效地技术创新平台,形成良好的区域创新体系,引导与带动产业集群中企业的科技创新,提升产业集群的竞争力;积极鼓励和推动产业集群与有关高等院校、科研院所等相关机构合作,吸纳科研机构建立创业中心或者设立分支机构,建立区域性行业技术创新中心,为产业发展提供技术支持。同时鼓励以大型企业(集团)为龙头组建技术研究开发中心,形成完善的产业技术创新体系,促进技术升级,实现主导产品上质量、上档次、上水平,提高产品的附加值和竞争力。

（三）充分发挥质量技术标准和检验检测服务平台作用

努力形成质量技术标准和检验检测中心,既为产业集群把好产品质量关,打造成区域品牌的一个技术性平台,也要成为产品质量、技术标准,特别是国际标准、国外先进标准推广应用的平台,同时也应该成为产业集群参与国际标准、国家标准和行业标准的制定,提高核心竞争力和克服国际贸易壁垒的一个工作平台。

（四）扶持产业集群推进信息平台和电子商务平台建设

以产业集群现有信息网为基础,通过资金支持等手段,加强对信息平台建设的扶持力度。加强网站建设,发挥信息网络优势,构建面向全社会的产学研联合信息网,定期征集企业技术难题、高校和科研机构的科技成果、人才供求信息,及时做好高等院校、科研机构与企业之间的信息沟通、项目中介、咨询服务等工作。要建立产学研联合专家网,对学科带头人和专家研究的成果进行重点跟踪。在网站的基础上,加大资金资助,扶持产业集群电子商务平台建设。

（五）打造产品交易与物流配送平台

现代流通业是产业集群做大做强的重要基础。在产业集群中大力发展现代流通业,大力推行连锁经营、现代物流、中高级批发市场和电子商务等现代流通方式,打造产品交易与物流平台,形成工商联动、互为促进的发展格局。特别要依托产业集群的专业化优势,高水平发展专业批发市场,规范发展会展业,大力培育一批大型中高级批发市场和名牌展会。

（六）建立产业集群的评估体系

在研究产业集群评估体系的基础上,建设包括对产业集群发展阶段、水平、技术创新能力、产业国际化、集群竞争力进行评估的体系,由政府牵头组建专家评审组织进行评估,评估结果用于决策咨询和指导产业集群的发展。

三、推动产业链建设,形成专业化配套分工合作体系

产业链是指一个区域内产业的上中下游,产供销、科工贸之间的良好衔接和完善配套。他的特点是产品在研发、生产、流通的所有环节,都由高度专业化的企业或机构分工合作完成且在区域内实现。完整的产业链是指围绕产品研发、生产、流通等环节,聚集了提供技术研发和创新,各种原材料、辅助材料、配套部件供应,产品推广、市场营销、物流服务,以及社会服务和人力资源等的企业和机构。完整的产业链是产业集群发展壮大和增强竞争力的必要条件。

(一)突破集群发展的行政区域限制

产业集群一般都是在本地既有优势基础上自发形成的,产业相对集中的地方自然会形成地域优势,根据地域优势进行科学分工是行业发展的规律。相当数量的中小企业在一定的区域内集中布局,由龙头企业带动、配套企业跟进,构成自发性企业群落,通过衍生、扩张、拓展为更大范围、更大影响的区域布局,从而集聚生产要素和释放规模效应,形成完整的产业链。因此,必须突破行政区划的局限,按照产业集群的发展规律和产业集聚的形成条件,在整个区域的范围内考虑土地、政策等资源的整合以及产业间的配套,避免对产业集群的行政分割。

(二)推动产业链的延伸

围绕产业集群的主导产业,吸引与之配套的原材料、辅料、零部件和包装件等企业的集聚,形成以大企业为中心、以中小企业为支撑、大量专业化分工协作的配套关联企业和上下游企业网络化的格局。积极引导企业突破产业价值链的局限,鼓励和支持科研机构、技术中介机构、金融机构将服务延伸到产业集群的产业链中,提高产业集聚层次;鼓励企业往上游的技术研发环节或下游的终端产品延伸;对一些产业链比较薄弱的环节,加强资金引进,发展加工贸易和内源性品牌企业,促进配套企业的发展。

(三)完善产业链配套分工合作体系

坚持龙头企业带动战略,通过产业龙头企业带动相关企业集聚和配套,实现上下游企业的集聚和产业链的延伸。产业集群要建立起大中小企业间在整

机与零部件、硬件与软件、科研与生产、核心产品与辅助产品等方面相互配套的分工协作,形成比较完整的产业增值链和相互促进的产业群体。鼓励龙头企业实现从产品经营向资本经营、品牌经营和核心技术经营的方向发展;鼓励中型企业依靠技术、管理优势向加工制造环节集中;鼓励小企业向零配件专业化生产方向发展。

四、重点培育新兴产业集群

综观世界高新区的成功经验,其共同点在于,在合适的地区、合适的时机,选择合适的产业。因此,要充分发挥各地已有的开发区优势,重点培育能够与国际产业转移要求相适应,融入国际产业高端环节的新兴产业集群。有重点地选择一批在前期创建中发展速度快、竞争力较强、技术基础较好、管理能力较高的工业园区或功能区,找准产业定位,选择战略性产业,塑造良好环境,以承接国际产业转移为目标,通过多渠道、多模式、多投入对这类园区重点扶持,把这些开发区培育成为产业、技术、人才、市场国际化、融入国际产业高端环节的新兴产业集群。政府经区域竞争力研究选择正确的主导产业,在这个基础上,通过说服或其他办法,吸引外商投资或留学生回乡创业;然后围绕主导产业进行配套开发,促进园区与大学、研究机构和企业联合;在产业集群成长期,把追求产业质量视为产业国际化的主要目标。

在政策导向上,要进一步引导重点开发区在规划的基础上加快产业集聚,延长产业链,并将产业链切换到国际产业循环中去。政策的重点是:

(一)加强软环境建设

加强软环境建设,促进外商投资企业进一步发展,提升其竞争力。抓好现有企业的规范和巩固,使其打好基础扎下根,创造良好的经营环境,以吸引更多的外商前来投资。利用各产业集群的区位优势、市场拓展优势,以及良好的研发环境,开放性配置科技资源,吸引更多的外资企业、跨国公司到园区内设立研究开发机构,把先进的运作模式和国际一流的研发能力带入园区。

(二)引导外资企业本地化,为园区产业根治性提供外力

对于根植性强的外资企业,允许和支持他们的研发机构申请各级各类科技计划项目,攻克生产制造中的关键技术;鼓励外资企业为园区发展提供建议,充分发挥外资企业集聚和外向型智力资源优势。外资研发机构取得的发

明、发现和其他科技成果,可参与各有关部门组织的各类奖项的评审及评奖。

(三)畅通外资进入的信息渠道

政府有关主管部门定期向外资研发机构发布重大产业项目信息,鼓励外资机构参与产业发展的重大投资和工程项目。外资研发机构可通过竞标、投标方式承接园区工程,以及园区组织机构、企业及个人委托的项目。

五、以创办生态工业园区的形式培育示范性生态型产业集群

创办生态工业园区是实现生态工业体系的一种有效且可行的途径。目前,美国、日本、欧盟的生态工业园建设都取得了一定进展,在实际操作方面积累了一些宝贵的经验,值得我国发展水平较高的产业集群效仿。根据国外经验,政府在培育生态型产业集群中起了关键的作用。在具体操作上,政府要做好以下几项工作:

(一)保证生态工业园区的技术来源

主动跟踪现代生态技术,在技术引进方面,坚持"引进、消化、吸收、开发、创新"的引进模式,同时,鼓励和重点扶持区域内相关企业进行重点突破,形成具有自主知识产权的核心技术,力争缩小与发达国家的生态技术差距,避免传统产业由低端切入再向高端延伸的曲线路径,直接抢占产业的制高点。此外,要建立产学研联合开发的新体制,借助高新技术,对一些关键的资源回收技术、生态无害化技术、循环物质性能稳定技术以及闭路循环技术进行攻关,提高这些生态技术的可得性和经济合理性。

(二)科学规划生态工业园区

规划是保证生态工业园区顺利建设的前提和基础。生态工业园区由于对环境及清洁生产的要求更高,因此,一定要做好园区的建设规划、产业规划。产业选择既要符合当地现有产业实际情况,又要明确园区内未来产业链关系,同时要确保在废物利用和产业链延伸过程中不会对环境造成超标的污染。

(三)形成完善的生态效益评估和监督机制

积极探讨生态型产业集群的效益评估机制和生态工业链管理机制,生态型产业集群的成长和收益主要体现在长远效益和可持续发展上。如何对效益进行评估,确立长远效益意识是生态产业集群在近期能否生存和成长的关键,政府对此要有长期稳定的政策支持。此外,要研究整体环境管理方式到企业

的全过程控制,甚至到产品的生态化设计等不同层次、不同环节上的管理都十分重要,要通过研究,形成体系化制度,使企业的生产和组织活动按照经济与生态协调发展的轨道运行,以获得最大的经济效益与生态效益,提高产业集群的生存力。

(四)以生态技术改造现有的集群和园区

我国的制造业产业集群大多分布在经济规模比较发达的东部沿海省份,人口分布密集,产业拓展空间狭小。对于这样的集群,不能再以大面积开发来发展新产业,而必须以提高产业机构高度化来实现产业布局与生态环境相协调,从而满足产业布局以人为本,有利于适宜居住和适宜经济发展的要求。可以借鉴日本的经验,大力发展改造型的生态产业园,减轻集群发展带来的环境负担,实现可持续发展。

六、做大做强会展经济,打造产业集群的区域品牌

在构建现代产业体系的"双轮"驱动中,现代服务业是重要的一轮。会展业作为一种高端生产服务业,集商品展示、交易和经济技术合作与交流等诸多功能为一体,并具备信息咨询、投资融资和商品服务等配套功能,是连接企业和市场的纽带,不仅可以培育新兴产业群,而且可以带动服务、交通、旅游、餐饮等相关产业的发展,被认为是产业集群的"助推器"。各地实践证明,会展经济对打造特色产业品牌,加快产业聚集和产业链形成,起到很大的推动作用。

(一)依托产业,发挥优势,做大做强特色展会

坚持办专业展,打造品牌龙头展会。根据区域产业特色,按照"依托产业、服务产业、提升产业"的办展方针,培育发展具有区域产业比较优势、专业特色明显的行业性会展,不断增强其对周边地区的辐射和影响力。坚持规模效益,提高办展水平。产业集群区域办会展,也要走国际化、专业化、大型化之路。

(二)坚持政府搭台、协会推动、企业唱戏,形成合力

政府要起主导作用,协会要气推动作用,企业要气主体作用。政府要做好规划,制定相关游戏规则,加强指导、协调和管理,建立与国际接轨的公平、公正、公开的竞争秩序,营造良好的会展业发展环境。区域性的会展,可以通过

国际性、全国性、全省性的行业协会联办，在更广阔的地域组织资源。政府和组织者主要是为企业参展提供良好、完善的服务，在提高会展的经济效益和规模影响上下功夫，调动企业参与的积极性。

（三）坚持技术创新，推进信息化办展

产业集群办会展要与时俱进，积极应用信息技术，向网络寻求发展空间。采用计算机网络技术等高科技手段，建设国际化的行业电子商务平台，促进相关行业的信息交流，如建立会展网站，网上发布信息，进行网络招商引资等。将会展现场的实物展览会于网上的虚拟展览会相结合，将现场交易与网上销售相结合，充分发挥网络技术在会展中的作用。

（四）打造区域品牌，提升产业集群综合竞争力

区域品牌建设要求整合资源，将树立区域品牌和企业品牌有机结合。加大创新区域品牌的工作力度，进一步深入实施名牌带动战略，出台扶持、奖励和保护名牌生产企业的政策和措施。强化质量保证体系，推动主导企业将质保体系延伸到配套企业，从产品制造区段延伸到原材料供应、产品设计、生产、销售、服务的全过程，塑造产业集群区域产品质量和服务双过硬的形象。

七、加强人才体系建设，为产业集群提供多层次的人才资源

人才资源特别是高层次人才是产业集群创新最宝贵的资源。应积极建立人才资源可持续发展机制，大力培养、引进、储备和使用各类创新人才。一是产业集群要根据自身的特点，与高等院校形成紧密合作关系，建设和完善双赢的机制。二是高校要结合集群产业高级化的需要，及时调整专业设置，重点培养创新型、高级技能型、实际管理型、营销开拓型和技术管理型人才，同时还要为产业集群的产业国际化发展培养能适应国际经营的高层次人才。三是要在全国倡导营造尊重知识、鼓励创新的文化氛围，积极建设吸引和整合国内外科技资源和人才的环境，建立公平竞争机制，营造尊重人才、尊重知识的良好社会风尚，建设适宜于创业发展的人才环境，建设规范的人才市场体系，引进吸纳海内外英才，是国内外的人力资源向集群集聚。四是培育一批有品牌、有技术、有效益的开发机构和骨干企业，使他们成为吸纳高素质科技人才的"聚宝盆"，尤其是要吸引在国外有一定影响的学科、科技带头人或曾在国外高科技企业工作过的留学人员，以各种方式为产业集群的发展服务。五是采取多种

形式开展对产业集群科技人员、管理人员和企业家的培训,不断提高企业科技人员、管理人员和职工的素质,逐步形成产业集群人才培训网络。

八、形成有利于产业集群创新升级的融资体系

(一)不断拓宽融资渠道

鼓励和支持股份制银行、城市商业银行、乡镇合作社等金融机构以中小企业为主要服务对象,重点支持符合我国产业政策、具有市场前景、技术含量高、经济效益好的中小企业。在注意信贷安全的前提下,建立一套面向中小企业发放贷款的激励和约束机制。逐步扩大中小企业的直接融资渠道。逐步建立有利于中小企业创业融资的资本市场,引导并规范中小企业通过合资、合作、产权转让等方式利用外资进行改组和改造。积极鼓励社会和民间投资。凡符合国家产业发展要求的领域,允许和鼓励民间投资进入,鼓励民间资本以独资、合资、合股、特许经营等多种形式进行投资建设。通过政府出资与社会投资相结合的办法,推进高新技术的研究与开发,吸引不同经济成分参与到企业技术创新中来。

(二)建立产业集群内部信用担保制度

由政府牵头,建立企业投资担保制度,探索政府与企业、银行与民间合作投资,以信用联保、会员制等新的运作方式,拓宽对高科技项目或产业投资的保险服务品种和范围,以提高企业技术创新成果的成交率,调动企业采用技术成果的积极性。

(三)建立风险投资的市场机制和管理机制

逐步建立以政府投入为主导、企业投入为主体、金融信贷为支撑,吸引和鼓励个人、外资参与的风险投资机制。总结一些地区设立风险投资基金的经验,成立若干中小企业风险投资公司,鼓励各类风险投资基金面向中小企业投资。

(四)积极开发利用民间资金,探索投融资体制改革与创新

鼓励非公有资本组建中小企业风险投资公司、产业投资基金公司。支持民间资本依法投资参股金融机构。进一步规范民间融资、努力解决非公有制企业特别是小企业创办和发展的资金需求。

参考文献

一、中文著作或译著

1.[英]G·M.霍奇逊:《现代制度主义经济学宣言》,向以斌等译,北京大学出版社1993年版。

2.[美]V·奥斯特罗姆、D.菲尼、H·皮希特:《制度分析与发展的反思》,商务印书馆1992年版。

3.[德]阿尔弗雷德·韦伯:《工业区位论》,李刚剑等译,商务印书馆2010年版。

4.[美]埃德加·M.胡佛:《区域经济学导论》,商务印书馆1990年版。

5.[美]埃里克·冯·希普尔:《技术创新的源泉》,柳卸林等译,科学技术文献出版社1997年版。

6.[美]埃瑞克·G.菲吕博顿、鲁道夫·瑞切特:《新制度经济学》,上海财经大学出版社1998年版。

7.[美]巴泽尔:《产权的制度分析》,费方域、段毅才译,上海人民出版社1997年版。

8.[美]保罗·克鲁格曼:《地理与贸易》,张兆杰译,北京大学出版社2000年版。

9.陈雪梅:《中小企业集群的理论与实践》,经济科学出版社2003年版。

10.陈宗胜:《发展经济学》,复旦大学出版社2000年版。

11.仇保兴:《小企业集群研究》,复旦大学出版社1999年版。

12.崔万田:《中国装备制造业发展研究》,经济管理出版社2004年版。

13.戴伯勋、沈宏达:《现代产业经济学》,经济管理出版社2001年版。

14.戴宏伟:《国际产业转移与中国制造业发展》,人民出版社2006年版。

15.邓伟根:《产业经济学》,经济管理出版社2001年版。

16.丁冰:《现代西方经济学说》,中国经济出版社1996年版。

17.[荷]范·杜因:《经济增长波与创新》,上海译文出版社1993年版。

18.高铁梅:《计量经济分析方法与建模:Eviews应用及实例》,清华大学出版社2006年版。

19.顾朝林、赵令勋:《中国高新技术产业与园区》,中信出版社1998年版。

20.郭克莎、贺俊:《走向世界的中国制造业》,经济管理出版社2007年版。

21.国家统计局编:《中国统计年鉴》(2002—2011),中国统计出版社。

22.国家统计局编:《中国工业经济统计年鉴》(2002—2011),中国统计出版社。

23.何禹霆:《中国装备制造业的产业组织模式》,经济管理出版社2006年版。

24.胡志坚:《国家创新系统——理论分析与国际比较》,社会科学文献出版社2000年版。

25.黄少安:《产权经济学导论》,山东人民出版社1996年版。

26.黄兆银、王峰:《全球竞争中的中国制造》,武汉大学出版社2006年版。

27.[美]科斯:《论生产的制度结构》,盛洪、陈郁译,上海三联书店1994年版。

28.李京文:《全球化背景下的中国制造业发展战略研究》,中国财政经济出版社2006年版。

29.李小建:《公司地理论》,科学出版社1999年版。

30.梁琦:《产业集聚论》,商务印书馆2004年版。

31.林毅夫:《制度、技术与中国农业发展》,上海人民出版社1994年版。

32.凌云、王辉:《先进制造业基地建设的理论与实践》,中国经济出版社2004年版。

33.刘春芝:《集群式创新——以辽宁装备制造业发展为例》,中国社会科学出版社2005年版。

34.刘平:《中国装备制造业国际竞争力研究》,中国财政经济出版社2006年版。

35.刘再兴:《区域经济理论与方法(第二版)》,中国物价出版社1997年版。

36.柳卸林:《技术创新经济学》,中国经济出版社1993年版。

37.卢现祥:《西方新制度经济学》,中国发展出版社1996年版。

38.吕政:《国际产业转移与中国制造业发展》,经济管理出版社2006年版。

39.马庆国:《风险资金的属性与中国风险资金问题:高技术与高技术产业化》,西北大学出版社1998年版。

40.[英]马歇尔:《经济学原理》上卷,商务印书馆1964年版。

41.[美]迈克尔·波特:《国家竞争优势》,李明轩、邱如美译,华夏出版社2002年版。

42.[美]诺斯:《制度、制度变迁与经济绩效》,上海人民出版社1996年版。

43.千庆兰:《中国地区制造业竞争力新论》,科学出版社2006年版。

44.[日]青木昌彦、奥野正宽:《经济体制的比较制度分析》,魏加宁等译,中国发展出版社1999年版。

45.荣宏庆等:《世界经济一体化与辽宁装备制造业发展》,新华出版社2006年版。

46.尚勇、朱传柏:《区域创新系统的理论与实践》,中国经济出版社1999年版。

47.盛昭瀚、蒋德鹏:《演化经济学》,上海三联书店2002年版。

48.施锡铨:《博弈论》,上海财经大学出版社2000年版。

49.史丹:《中国装备工业的技术进步》,经济科学出版社2001年版。

50.[冰]思拉恩·埃格特森:《新制度经济学》,商务印书馆1996年版。

51.苏东水:《产业经济学》,高等教育出版社2000年版。

52. 隋广军等：《产业演进及其微观基础研究》，经济科学出版社 2007 年版。

53. 孙洛平、孙海琳：《产业集聚的交易费用理论》，中国社会科学出版社 2006 年版。

54. 谭崇台：《发展经济学的新发展》，武汉大学出版社 1999 年版。

55. 汤敏、茅于轼：《现代经济学前沿专题》第 1 集，商务印书馆 1993 年版。

56. 汤敏、茅于轼：《现代经济学前沿专题》第 2 集，商务印书馆 1996 年版。

57. 唐晓华：《产业组织与信息》，经济管理出版社 2005 年版。

58. 唐晓华：《产业集群：辽宁经济增长的路径选择》，经济管理出版社 2006 年版。

59. 陶良虎：《湖北装备制造业竞争力研究》，湖北人民出版社 2006 年版。

60. 王辑慈等著：《创新的空间：产业集群与区域发展》，商务印书馆 2001 年版。

61. 王询：《文化传统与经济组织》，东北财经大学出版社 1999 年版。

62. 王子龙：《中国装备制造业系统演化与评价研究》，科学出版社 2007 年版。

63. 魏江：《产业集群——创新系统与技术学习》，科学出版社 2003 年版。

64. 谢识予：《经济博弈论》，复旦大学出版社 2002 年版。

65. 谢智勇：《开放条件下的中国制造业产业组织分析》，中国经济出版社 2007 年版。

66. 徐强：《中国产业集聚形成机理与发展对策研究》，厦门大学出版社 2003 年版。

67. 许国志：《系统科学》，上海科技教育出版社 2000 年版。

68. 杨小凯、黄有光：《专业化与经济组织》，经济科学出版社 1999 年版。

69. 喻平：《金融创新与经济增长》，中国金融出版社 2005 年版。

70. 张敦富：《区域经济学原理》，中国轻工业出版社 1999 年版。

71. 张世鹏、殷叙彝：《全球化时代的资本主义》，中央编译出版社 1998 年版。

72. 赵彦云：《国际竞争力统计模型及应用研究》，中国标准出版社 2005 年版。

73. 赵玉林：《产业经济学》，武汉理工大学出版社 2004 年版。

74. 赵玉林：《高技术产业经济学》，中国经济出版社 2004 年版。

75. 赵忠华：《发展新兴装备制造业与振兴辽宁老工业基地研究》，经济管理出版社 2007 年版。

76. 中国汽车工业协会编：《中国汽车工业年鉴（2002—2011）》，中国工业汽车年鉴期刊社。

77. 周松兰：《中日韩制造业竞争力比较研究》，武汉大学出版社 2007 年版。

78. 朱英明：《中国产业集群分析》，科学出版社 2006 年版。

二、中文文章

1. 安虎森：《空间接近与不确定的降低》，《南开经济研究》2001 年第 3 期。

2. 柏玉明：《信息化对制造业的影响综述》，《湖南冶金职业技术学院学报》2003 年第 6 期。

3. 卜伟、王稼琼：《我国装备制造业自主创新与税收政策》，《中央财经大学学报》2008 年第 3 期。

4.蔡宁、吴结兵:《产业集群的竞争优势:资源的结构性整合》,《中国工业经济》2002 年第 7 期。

5.蔡宁、吴结兵:《产业集群风险的研究:一个基于网络的视角》,《中国工业经济》2003 年第 4 期。

6.蔡宁、杨旭:《论产业集群和中小企业国际化发展》,《中国软科学》2002 年第 6 期。

7.蔡翔:《创新、创新族群、创新链及其启示》,《研究与发展管理》2002 年第 6 期。

8.曾璐:《国际产业转移对产业升级影响研究》,河海大学硕士论文,2007 年,中国优秀硕士学位论文全文数据库。

9.车维汉:《论知识经济中企业经营模式和产业集群的新变化》,《中国社会科学院研究生院学报》2000 年第 6 期。

10.陈剑锋、凌丹、万君康:《企业间技术创新集群与知识集成分析》,《科研管理》2001 年第 6 期。

11.陈剑锋:《产业集群中社会资本价值模型及其影响因素》,《学术研究》2003 年第 2 期。

12.陈俚君:《用信息技术改造和提升制造业》,西南财经大学 2005 年博士学位论文,中国优秀博士学位论文全文数据库。

13.陈鹏宇:《溢出效应、不确定性和产业集群》,《中国工业经济》2002 年第 11 期。

14.陈翔宇、梁工谦:《再制造业及其生产模式研究综述》,《中国软科学》2006 年第 5 期。

15.陈晓声:《产业竞争力的测度与评估》,《上海统计》2002 年第 9 期。

16.陈晓涛:《产业演进论》,四川大学博士论文,2007 年,中国优秀博士学位论文全文数据库。

17.池仁勇:《意大利中小企业集群的条件与特征》,《外国经济与管理》2001 年第 8 期。

18.仇保兴:《发展小产业集群要避免的陷阱——过度竞争所致的"柠檬市场"》,《北京大学学报(哲社版)》1999 年第 1 期。

19.狄俊安:《制造业发展的规律及趋势初探》,《闽江学院学报》2003 年第 12 期。

20.丁云龙、李玉刚:《从技术创新角度看产业结构升级模式》,《哈尔滨工业大学学报(社会科学版)》2001 年第 8 期。

21.杜晓君:《制造业的国际转移规律和趋势》,《经济理论与经济管理》2003 年第 6 期。

22.范黎波、黄珍:《关于产业集群与中小企业创新的研究》,《煤炭经济研究》2003 年第 2 期。

23.冯光森、张先国、杨建梅:《地理集群的企业竞争研究》,《南开管理评论》2002 年第 6 期。

24.符正平:《论产业集群的产生条件与形成机制》,《中国工业经济》2002 年第 10 期。

25.傅京燕、郑杰:《中小产业集群成长中的地方政府作用》,《广东商学院学报》2003 年第 2 期。

26.盖文启、王缉慈:《论区域创新网络对我国高新技术中小企业发展的作用》,《中国软科学》1999 年第 9 期。

27.盖文启、朱华晟:《产业柔性集群与区域竞争力》,《经济理论与经济管理》2001 年第 10 期。

28.盖文启:《新产业区发展的区域创新网络机制研究》,北京大学博士论文,2002 年,中国优秀博士学位论文全文数据库。

29.顾乃华、毕斗斗、任旺兵:《生产性服务业与制造业互动发展:文献综述》,《经济学家》2006 年第 6 期。

30.郭毅、朱熹:《企业家的社会资本——对企业家研究的深化》,《外国经济与管理》2002 年第 1 期。

31.何耀民:《现代制造业先进制造技术综述》,《科技咨询导报》2007 年第 25 期。

32.何禹霆、唐晓华:《产业组织重构与装备制造业竞争力》,《商业研究》2005 年第 7 期。

33.贺俊:《中国向世界制造中心转移过程中装备工业发展的战略选择》,《产业经济研究》2006 年第 3 期。

34.胡刚:《中间性经济组织:对产业组织合理化内涵的新认识》,《中国经济问题》2001 年第 6 期。

35.胡立新:《关于产业集群现象的一个假设和模型》,《中国软科学》2000 年第 11 期。

36.胡树华等:《发达国家大战略的经济意义及其对我国汽车工业发展的启示》,《科技进步与对策》2000 年第 9 期。

37.胡艳曦、陈雪梅:《产业集群理论的发展及其意义》,《广东商学院学报》2002 年第 1 期。

38.黄少安:《经济学研究重心的转移与"合作"经济学构想》,《经济研究》2000 年第 6 期。

39.黄泰岩、牛飞亮:《西方企业网络理论述评》,《经济学动态》1999 年第 4 期。

40.黄先海、郑亚莉:《利用外贸外资推动浙江产业升级研究》,《浙江大学学报(人文社会科学版)》2000 年第 12 期。

41.贾根良:《网络组织:超越市场与企业两分法》,《经济社会体制比较》1998 年第 4 期。

42.姜春:《中国产业问题的制度分析》,《兰州商学院学报》2002 年第 6 期。

43.姜绍华:《山东省装备制造业发展的思考》,《山东经济》2007 年第 4 期。

44.金培、李钢、陈志:《中国制造业国际竞争力现状分析及提升对策》,《财贸经济》2007 年第 3 期。

45.金吾伦:《创新文化模式》,《科学决策》2001 年第 4 期。

46.蓝庆新:《借国际制造业转移之势突强中国》,《经济导刊》2007 年第 2 期。

47.雷来义:《辽宁装备制造产业集群发展路径研究》,《辽宁经济》2008 年第 5 期。

48.李成金:《装备制造业集群网络与地方政府作用研究》,《经济体制改革》2006 年第 7 期。

49.李华凤、高熙宁:《辽宁装备制造业自主创新的对策探讨》,《理论界》2008 年第 11 期。

50.李金红:《制度分析的回归与演进》,《江西社会科学》2002 年第 9 期。

51.李靖华、郭耀煌:《国外产业生命周期理论的演变》,《人文杂志》2001 年第 6 期。

52.李君华、彭玉兰:《产业集群的制度分析》,《中国软科学》2003 年第 9 期。

53.李君华、彭玉兰:《基于全球供应链的产业集群竞争优势》,《经济理论与经济管理》2004 年第 1 期。

54.李相银、胡希:《产业集群三个层面的技术创新活动研究》,《甘肃社会科学》2003 年第 6 期。

55.李小建、李二玲:《产业集群发生机制的比较研究》,《中州学刊》2002 年第 4 期。

56.李新春:《企业家协调与产业集群——对珠江三角洲专业镇产业集群化成长的分析》,《南开管理评论》2002 年第 3 期。

57.厉无畏、王慧敏:《产业发展的趋势判断与理性思考》,《中国工业经济》2002 年第 4 期。

58.梁小萌:《规模经济和产业集群及区域协调》,《改革与战略》2000 年第 6 期。

59.凌丹:《制造业全球化与本土化关联机理研究》,武汉理工大学 2005 年博士学位论文,中国优秀博士学位论文全文数据库。

60.刘春芝、聂颖:《辽宁装备制造业技术创新状况的统计分析》,《沈阳师范大学学报(社会科学版)》2005 年第 4 期。

61.刘春芝、史建军:《辽吉黑与江浙沪六省市制造业集聚水平的比较分析》,《东北亚论坛》2011 年第 3 期。

62.刘焕荣等著:《创新文化与现代企业技术创新》,《开发研究》2001 年第 3 期。

63.刘健:《论中国产业结构升级》,中共中央党校 1999 年博士学位论文,中国优秀博士学位论文全文数据库。

64.刘曙光、杨华:《关于全球价值链与区域产业升级的研究综述》,《中国海洋大学学报》2004 年第 5 期。

65.刘小宁:《黑龙江装备制造业的信息化改造》,《黑龙江社会科学》2008 年第 3 期。

66.刘学强:《锁定模型和企业集群分析》南开管理评论》2003 年第 1 期。

67.刘应峰:《制造业竞争力研究综述》,《浙江统计》2004 年第 9 期。

68.刘友金、郭新:《集群式创新形成与演化机理研究》,《中国软科学》2003 年第 2 期。

69.刘友金、杨继平:《集群中企业协同竞争创新行为博弈分析》,《系统工程》2002 年第 11 期。

70.刘友金:《论集群式创新的组织模式》,《中国软科学》2002 年第 2 期。

71.刘友金:《中小企业集群式创新研究》,哈尔滨工程大学 2002 年博士学位论文,中国优秀博士学位论文全文数据库。

72.刘志迎、周春华:《高技术产业集群的经济学分析》,《经济理论与经济管理》2002 年第 4 期。

73.卢昌崇、李宏林、郑文权:《东北装备制造产业集群重构》,《经济研究参考》2006 年第 38 期。

74.卢现祥:《我国制度经济学研究中的四大问题》,《中南财经政法大学学报》2001 年第 1 期。

75.陆德梅、朱国宏:《新经济社会学的兴起和发展探微》,《国外社会科学》2003 年第 3 期。

76.路江勇、陶志刚:《区域专业化分工与区域间行业同构——中国区域经济结构的实证分析》,《经济学报》2006 年第 1 期。

77.罗天强、李成芳:《论产业技术创新》,《自然辩证法研究》2002 年第 11 期。

78.罗天强、俞长春:日本技术的系统创新策略》,《科技进步与对策》2000 年第 9 期。

79.罗炜:《企业合作创新理论研究》,上海交通大学 2001 年博士学位论文,中国优秀博士学位论文全文数据库。

80.罗勇、曹丽莉:《中国制造业集聚程度变动趋势实证研究》,《经济研究》2005 年第 8 期。

81.骆静、聂鸣:《发展中国家集群比较与启示》,《外国经济与管理》2002 年第 3 期。

82.骆静、聂鸣:《芬兰集群研究——波特集群分析法的具体运用》,《外国经济与管理》2002 年第 8 期。

83.吕铁:《我国制造业结构的升级方向分析》,《中国工业经济》1999 年第 8 期。

84.马月才:《中、美、日制造业发展比较研究》,《中国工业经济》2003 年第 5 期。

85.马云泽:《信息化时代产业结构的演进规律研究》,《桂海论丛》2008 年第 7 期。

86.买忆媛、聂鸣:《产业集群对企业创新活动的影响》,《研究与发展管理》2003 年第 2 期。

87.迈克尔·波特:《集群与新竞争经济学》,《经济社会体制比较》2000 年第 2 期。

88.孟亚卿:《我国制造业技能人才短缺与激励文献综述》,《科技创业》2006 年第 8 期。

89.聂鸣、蔡铂:《学习、集群化与区域创新体系》,《研究与发展管理》2002 年第 6 期。

90.宁钟:《创新、企业集群与经济发展》,武汉大学 2001 年博士学位论文,中国优秀博士学位论文全文数据库。

91.宁钟:《国外创新与空间集群理论评述》,《经济学动态》2001 年第 3 期。

92.庞剑锋:《制度变迁中的产业结构优化》,《北京市财贸管理干部学院学报》2002 年第 3 期。

93.彭迪:《上海装备制造业竞争力的路径选择》,《世界经济情况》2007 年第 1 期。

94.钱平凡:《大力发展产业集群、振兴东北老工业基地》,《国务院发展研究中心调查研究报告》2003 年第 128 期。

95.乔翠霞:《国际技术转移与我国工业结构升级研究综述》,《中共济南市委党校学报》2005 年第 4 期。

96.谯薇:《中小产业集群存在与发展的理论基础》,《兰州商学院学报》2002 年第 1 期。

97.曲昭仲:《企业簇理论对区域经济发展的影响》,《经济问题》2002 年第 11 期。

98.任保平等:《制度分析方法及其应用》,《西北大学学报(哲社版)》2000 年第 4 期。

99.石培哲:《产业集群和虚拟企业》,《经济经纬》2001 年第 6 期。

100.石勇:《谈谈国外装备制造业的发展与振兴》,《求是》2007 年第 9 期。

101.史东明:《我国中小产业集群的效率改进》,《中国工业经济》2003 年第 2 期。

102.史建军、刘春芝:《节能减排视角下的辽宁工业经济发展研究》,《辽宁工程技术大学学报(社会科学版)》2012 年第 2 期。

103.苏靖:《关于国家创新系统的基本理念、知识流动和研究方法》,《中国软科学》1999 年第 1 期。

104.孙冰、戴宁:《关于装备制造业自主创新研究的综述》,《工业技术经济》2008 年第 9 期。

105.孙科、王能民、汪应洛:《集群经济与知识创新》,《研究与发展管理》2002 年第 3 期。

106.孙伟、黄鲁成:《关于产业群的基本研究》,《科研管理》2002 年第 2 期。

107.孙伟、黄鲁成:《基于产业群的技术创新研究综述》,《科研管理》2002 年第 4 期。

108.谭开明、王颖、李润龙:《辽宁装备制造业人才短缺的原因及对策研究》,《中国科技信息》2005 年第 21 期。

109.唐勤生等:《现代装备制造业的先进制造技术及其发展综述》,《上海工程技术大学学报》2005 年第 6 期。

110.童昕、王缉慈:《全球商品链中的地方产业群——以东莞的"商圈"现象为例》,《地域研究与开发》2003 年第 1 期。

111.汪炜、史晋川、孙福国:《经济增长的区域影响与集群效应分析》,《数量经济技术研究》2001 年第 6 期。

112.王春晓等:《信任、契约与规制:集群内企业间信任机制动态变迁研究》,《中国农业大学学报(社会科学版)》2003 年第 3 期。

113.王德鲁、宋学锋:《装备制造业结构升级与产业聚集的互动机理和模式选择》,《科学学与科学技术管理》2009 年第 1 期。

114.王福君、宋玉祥:《技术创新推动辽宁省装备制造业升级的机理和路径》,《理论界》2008 年第 12 期。

115.王慧敏:《辽宁省装备制造业信息化发展战略问题研究》,大连交通大学硕士论文,2007 年,中国优秀硕士学位论文全文数据库。

116.王缉慈、童昕:《简论我国地方产业集群的意义》,《经济地理》2001 年第 6 期。

117.王缉慈:《地方产业群战略》,《中国工业经济》2002 年第 3 期。

118.王缉慈:《关于用产业群战略发展我国造船业的政策建议》,《地域研究与开发》2002 年第 3 期。

119.王建优:《产业集群的机理分析》,《经济学研究》2003 年第 1 期。

120.王健:《浙江产业调整的法律保证》,《浙江理工大学学报》2006 年第 6 期。

121.王仁祥、喻平:《引进外资、两部门模型与中国经济增长》,《经济科学》2005 年第 1 期。

122.王树恩、柳毅伟:《试析世界制造业技术结构的升级及其对我国的启示》,《生产力研究》2005 年第 12 期。

123.王旺兴、李艳:《产业集群内的知识流动与创新机制》,《科技与管理》2003 年第 3 期。

124.王卫红、刘永祥:《广东省装备制造业发展对策探析》,《科技管理研究》2008 年第 12 期。

125.王旭章:《区域性的主导产业市场选择、集群和扩散》,《铁道师院学报》1998 年第 6 期。

126.王章豹、吴庆庆:《我国装备制造业自主创新之问题透视与路径选择》,《合肥工业大学学报社会科学版》2006 年第 10 期。

127.魏后凯:《中国制造业集中状况及其国际比较》,《中国工业经济》2002 年第 1 期。

128.魏江、申军:《传统产业集群创新系统的结构和运行模式》,《科学与科学技术管理》2003 年第 1 期。

129.魏江、叶波:《产业集群的创新集成:集群学与挤压效应》,《中国软科学》2002 年第 12 期。

130.魏江、叶波:《文化视野内的小产业集群技术学习研究》,《科学学研究》2001 年第 4 期。

131.魏江:《浙江省区域性中小企业群技术创新系统研究》,《浙江省科技规划项目结题报告》2002 年。

132.魏明:《论企业群的组织机理》,《华东经济管理》2002 年第 6 期。

133.魏守华、石碧华:《论产业集群的竞争优势》,《中国工业经济》2002 年第 1 期。

134.魏守华、赵雅沁:《企业群的概念、意义与理论解释》,《中央财经大学学报》2002 年第 3 期。

135.魏守华:《产业集群的竞争优势探究》,《财经问题研究》2002 年第 1 期。

136.魏守华:《产业集群的市场竞争以及策略研究——以嵊州领带产业为例》,《财经论丛》2002 年第 6 期。

137.魏守华:《产业集群中的公共政策问题研究》,《当代经济科学》2001 年第 6 期。

138.魏守华:《集群竞争力的动力机制以及实证分析》,《中国工业经济》2002 年第 10 期。

139.吴敬琏:《路径依赖与中国改革—对诺斯教授讲演的评论》,《经济学与中国经济改革》，上海人民出版社 1996 年版。

140.吴敬琏：《硅谷和 128 公路地区的文化与竞争》，《深圳特区科技》2000 年第 3 期。

141.吴天宝、刘志迎：《我国装备制造业发展研究动态及文献述评》，《工业技术经济》2007 年第 11 期。

142.吴学花、杨蕙馨：《中国制造业产业集聚的实证研究》，《中国工业经济》2004 年第 10 期。

143.吴永红、保建云：《论企业集群、扩张的区域效应》，《西南民族学院学报（哲社版）》2001 年第 3 期。

144.武夷山：《产业发展中的集群效应——意大利瓷专业的启示》，《科学学与科学技术管理》1999 年第 6 期。

145.辛晶晶：《东北老工业基地装备制造业集群式发展模式的探讨》，《商场现代化》2006 年第 10 期。

146.熊军：《群的概念、假设、理论及其启示》，《外国经济与管理》2001 年第 8 期。

147.徐春涛：《深化结构调整，提高装备工业的竞争力》，《机电产品开发与创新》2000 年第 6 期。

148.徐康宁：《当代西方产业集群理论的兴起、发展与启示》，《经济学动态》2003 年第 3 期。

149.徐康宁：《开放经济条件下的产业集群及其竞争力》，《中国工业经济》2001 年第 11 期。

150.徐康宁：《全球化地区化与产业的新比较优势》，《江海学刊》2002 年第 2 期。

151.许坚：《经济全球化条件下中国在国际分工中的定位》，《世界经济与政治论坛》2002 年第 2 期。

152.许庆瑞：《杭州市高技术企业群现状分析》，《科技进步与对策》2002 年第 11 期。

153.杨大庆、谭风其、舒纪铭：《世界先进制造业的发展经验及其借鉴》，《北方经济》2006 年第 2 期。

154.杨建梅、冯光森：《东莞台资 IT 产业集群产生结构剖析》，《中国工业经济》2002 年第 8 期。

155.杨小凯、张永生：《新贸易理论、比较利益理论及其经验研究的新成果：文献综述》，《经济学》2009 年第 1 期。

156.杨迅周、杨延哲、蔡建霞：《产业群与区域技术创新体系建设》，《地域研究与开发》2001 年第 2 期。

157.杨永福等：《产业技术结构分析》，《中国软科学》2000 年第 3 期。

158.叶建亮：《知识溢出与企业集群》，《经济科学》2001 年第 3 期。

159.袁培红、樊浩峰：《大力发展产业集群，推动产业结构升级》，《宏观经济管理》2005 年第 4 期。

160.韵作平、徐艳：《产业集群理论及其现实意义》，《北方经贸》2002 年第 3 期。

161.臧新:《产业集群产生原因的理论困惑和探索》,《生产力研究》2003 年第 1 期。

162.张国宝:《装备制造业的自主创新问题》,《求是》2008 年第 8 期。

163.张海星、许芬:《辽宁装备制造业竞争力评价与财税扶持政策》,《财经问题研究》2008 年第 10 期。

164.张华、李雅凤:《辽宁省装备制造业利用外商直接投资的对策》,《辽宁工业大学学报》2008 年第 12 期。

165.张俊鸿:《浅论产业结构优化升级的规律》,《运城高专学报哲学社会科学版》1997 年第 6 期。

166.张立群:《中国产业结构矛盾再认识》,《经济研究》1992 年第 4 期。

167.张其仔:《比较优势的演化与中国产业升级路径的选择》,《中国工业经济》2008 年第 9 期。

168.张威:《中国装备制造业的产业集群》,《中国工业经济》2002 年第 3 期。

169.张文忠、张军涛:《经济学和地理学对区位论发展轨迹的影响》,《地理科学进展》1999 年第 18 期。

170.张文忠:《新经济地理学的研究视角探析》,《地理科学进展》2003 年第 1 期。

171.张云源:《西方经济学中的技术创新理论及其研究》,《国外科技政策与管理》1991 年第 5 期。

172.张智元:《产业集群、竞争优势与西部开发》,《西安电子科技大学学报(社科版)》2001 年第 3 期。

173.赵勇、黄秦:《企业如何在集群中培育竞争能力》,《社会科学研究》2003 年第 2 期。

174.郑凤田、唐忠:《我国中小企业簇群成长的三维度原则分析》,《中国工业经济》2002 年第 11 期。

175.郑凌云:《产业集群视野下的高技术园区发展》,《产业经济研究》2003 年第 2 期。

176.郑胜利:《产业集群与企业技术创新》,《贵州财经学院学报》2003 年第 1 期。

177.郑胜利:《论我国开展集群研究的理论和现实意义》,《当代经济研究》2002 年第 9 期。

178.周业安:《关于当前中国新制度经济学研究的反思》,《经济研究》2001 年第 7 期。

179.朱英明:《长江三角洲地区外商投资企业空间集群与地区增长》,《中国工业经济》2002 年第 1 期。

三、英文文献

1.Antonelli,Cristiano:"Collective knowledge communication and innovation:the evidence of technological districts",*Regional studies*,2000.

2.Arthur,W.Brian:*Increasing returns and path dependence in the economy*,University of Michigan Press,1994.

3.Audretsch,David B.,and Maryann P.Feldman:"R&D spillovers and the geography of innovation and production", *The American economic review*, 1996.

4. Baptista, Rui: "Industrial Clusters and technological innovation", *Business Strategy Review*, 1996.

5. Beaudry, Catherine, and Peter Swann: "Growth in industrial clusters: A bird's eye view of the United Kingdom", *Stanford Institute for Economic Policy Research Discussion Paper*, 2001.

6. Bell, Martin, and Michael Albu: "Knowledge systems and technological dynamism in industrial clusters in developing countries", *World development*, 1999.

7. Belussi, Fiorenza, and Fabio Arcangeli: "A typology of networks: flexible and evolutionary firms", *Research policy*, 1998.

8. Bergman, Edward M., and Edward J. Feser: "Industry clusters: a methodology and framework for regional development policy in the United States", *Boosting Innovation: The Cluster Approach*, 1999.

9. Boekholt, P., and B. Thuriaux: "Overview of cluster policies in international perspective", *A report for the Dutch Ministry of Economic Affairs*, 1999.

10. Boekholt, Patries, and Ben Thuriaux: "Public policies to facilitate clusters: background, rationale and policy practices in international perspective", *Boosting innovation: the cluster approach*, 1999.

11. Bresnahan, Timothy, et al: "'Old economy' inputs for 'new economy' outcomes: cluster formation in the new Silicon Valleys", *Industrial and corporate change*, 2001.

12. Buchanan, James M: "An economic theory of clubs", *Economica*, 1965.

13. Carlsson, Bo, and Rikard Stankiewicz: "On the nature, function and composition of technological systems", *Journal of evolutionary economics*, 1991.

14. Carlsson, Bo, ed: *Technological systems and economic performance: the case of factory automation*, Vol.5, Kluwer Academic Pub, 1995.

15. Carlsson, Bo, ed: *Technological systems and industrial dynamics*, Vol.10, Springer, 1997.

16. Carlsson, Bo: *Technological systems in the bio industries: An international study*, Vol.26, Kluwer Academic Pub, 2002.

17. Chaminade, Cristina, and Jan Vang: "Globalisation of knowledge production and regional innovation policy: Supporting specialized hubs in the Bangalore software industry", *Research Policy*, 2008.

18. Cimoli, M.: "Methodologies for the study of NIS: A Cluster-based Approach for the Mexican Case", *OECD Workshop on Cluster Analysis and Cluster-based Policy*, Amsterdam, 1997.

19. Clancy, Paula, et al: "Industry clusters in Ireland: an application of Porter's model of national competitive advantage to three sectors", *European Planning Studies*, 2001.

20. Cohen, Wesley M.: "Fifty years of empirical studies of innovative activity and performance", *Handbook of the Economics of Innovation*, 2010.

21. Debackere, K.: "Cluster-based Innovation Policies: A Reflection on Definitions and Methods", *OECD Workshop on Cluster Analysis and Cluster-based Policy*, *Amsterdam*, 1997.

22. DeBresson, Chris, and Xiaoping Hu: "Identifying clusters of innovative activity: a new approach and a toolbox", *Boosting Innovation-the Cluster Approach*, 1999.

23. DeBresson, Christian, and Esben Sloth Andersen: *Economic interdependence and innovative activity: an input-output analysis*, Cheltenham: Edward Elgar, 1996.

24. Dixit, Avinash K., and Joseph E. Stiglitz: "Monopolistic competition and optimum product diversity", *The American Economic Review*, 1977.

25. Dunning, John H., and John H: Dunning. *Alliance capitalism and global business*, Vol. 7, Routledge, 2012.

26. Eaton, Jonathan, and Samuel Kortum: "Technology, geography, and trade", *Econometrica*, 2002.

27. Eliasson, Gunnard, and Asa Eliasson: "The biotechnological competence bloc", *Revue d'économie industrielle*, 1996.

28. Ellison, Glenn, and Edward L. Glaeser: *Geographic concentration in US manufacturing industries: a dartboard approach*, No. w4840, National Bureau of economic research, 1994.

29. Feser, Edward J., and Edward M. Bergman: "National industry cluster templates: A framework for applied regional cluster analysis", *Regional studies*, 2000.

30. Freeman, Christopher: "The economics of industrial innovation", *University of Illinois at Urbana-Champaign's Academy for Entrepreneurial Leadership Historical Research Reference in Entrepreneurship*, 1982.

31. Fujita, Masahisa, et al: *The spatial economy: cities, regions and international trade*, Vol. 213, Cambridge, MA: MIT press, 1999.

32. Guimaraes, Paulo, et al: "Agglomeration and the location of foreign direct investment in Portugal", *Journal of Urban Economics*, 2000.

33. Gulyani, Sumila: "Effects of poor transportation on lean production and industrial clustering: Evidence from the Indian auto industry", *World development*, 2001.

34. Hagedoorn, John: "Strategic technology partnering during the 1980s: trends, networks and corporate patterns in non-core technologies", *Research Policy*, 1995.

35. Hanson, Gordon H: *Localization economies, vertical organization and trade*, No. w4744, National Bureau of Economic Research, 1994.

36. Harrison, Bennett: "Industrial Districts: Old Wine in New Bottles? (Volume 26, Number 5, 1992)", *Regional studies*, 2007.

37. Held, James R: "Clusters as an economic development tool: Beyond the pitfalls", *Economic Development Quarterly*, 1996.

38. Henderson, J. Vernon, et al: "Geography and development", *Journal of Economic Geogra-

phy,2001.

39.Hill,Edward W.,and John F.Brennan:"A methodology for identifying the drivers of in-dustrial clusters:the foundation of regional competitive advantage",*Economic Development Quar-terly*,2000.

40.Holmström,Bengt,and John Roberts:"The boundaries of the firm revisited",*The Journal of Economic Perspectives*,1998.

41.Jacobs,Dany,and Ard-Pieter De Man:"Clusters,industrial policy and firm strategy",*Technology Analysis & Strategic Management*,1996.

42.Jaffe,Adam B.,et al:"Geographic localization of knowledge spillovers as evidenced by patent citations",*the Quarterly journal of Economics*,1993.

43.Krugman,Paul:*Increasing returns and economic geography*,No.w3275,National Bureau of Economic Research,1990.

44.Lagendijk,Arnoud,and David Charles:"Clustering as a new growth strategy for regional economies? A discussion of new forms of regional industrial policy in the United Kingdom",*Boosting innovation:The cluster approach*,1999.

45.Lissoni,Francesco:"Knowledge codification and the geography of innovation:the case of Brescia mechanical cluster",*Research Policy*,2001.

46.Loasby,Brian J:"Time,knowledge and evolutionary dynamics:why connections matter",*Journal of Evolutionary Economics*,2001.

47.Love,James H.,and Stephen Roper:"Location and network effects on innovation success:evidence for UK,German and Irish manufacturing plants",*Research policy*,2001.

48.Marceau,Jane:"The disappearing trick:clusters in the Australian economy",*Boosting Innovation:The Cluster Approach*,1999.

49.Martin,Ron,and Peter Sunley:"Paul Krugman's geographical economics and its implica-tions for regional development theory:a critical assessment",*Economic geography*,1996.

50.Meeusen,Wim,and Michel Dumont:"Some results on the graph-theoretical identification of micro-clusters in the Belgian National Innovation System",1997.

51.Mohnen,Pierre:"R&D externalities and productivity growth",*STI review*,1996.

52.Narula,Rajneesh:*Explaining´Inertia´in R&D internationalisation:Norwegian firms and the role of home country-effects*,Vol.21,MERIT,Maastricht Economic Research Institute on Inno-vation and Technology,2000.

53.Nelson,Richard R.,and Nathan Rosenberg:"Technical innovation and national systems",*National innovation systems:a comparative analysis,Oxford University Press,Oxford*,1993.

54.Nelson,Richard:"National innovation systems:a comparative analysis",*University of Illi-nois at Urbana-Champaign's Academy for Entrepreneurial Leadership Historical Research Reference in Entrepreneurship*, 1993.

55. Overman, Henry, et al: "The economic geography of trade production and income: a survey of empirics", 2001.

56. Padmore, Tim, et al: "Modeling systems of innovation: an enterprise-centered view", *Research Policy*, 1998.

57. Pandit, Naresh R., et al: "The dynamics of industrial clustering in British financial services", *Service Industries Journal*, 2001.

58. Pavitt, Keith: "Sectoral patterns of technical change: towards a taxonomy and a theory", *Research policy*, 1984.

59. Porter, Michael E.: *Clusters and the new economics of competition*, Vol. 76, Watertown: Harvard Business Review, 1998.

60. Potts, Jason: *The new evolutionary microeconomics*, Edward Elgar, 2000.

61. Quah, Danny: "Demand-driven knowledge clusters in a weightless economy" *International Conference "Knowledge as an Economic Good"*, *Palermo*, *April*, 2001.

62. Raco, Mike: "Competition, collaboration and the new industrial districts: examining the institutional turn in local economic development", *Urban Studies*, 1999.

63. Ranis, Gustav, and John CH Fei: "A theory of economic development", *The American Economic Review*, 1961.

64. Roelandt, Theo JA, and Pim Den Hertog: "Cluster analysis and cluster-based policy making in OECD countries: an introduction to the theme", *Boosting innovation: The cluster approach*, 1999.

65. Roelandt, Theo, et al: "Cluster analysis and cluster policy in the Netherlands", *Boosting Innovation: The Cluster Approach*, 1999.

66. Rosenthal, Stuart S., and William C. Strange: "The determinants of agglomeration", *Journal of Urban Economics*, 2001.

67. Stankiewicz, Rikard: "The cognitive dynamics of biotechnology and the evolution of its technological systems", *Technological Systems in the Bio Industries*, Springer US, 2002.

68. Varga, Attila: *University research and regional innovation: a spatial econometric analysis of academic technology transfers*, Vol. 13, Kluwer Academic Pub, 1998.

69. Venables, Anthony: "Cities and trade: external trade and internal geography in developing economies", *Local dynamics in an era of globalization*, *Washington DC: Banco Mundial*, 2000.

后　　记

　　本书是教育部人文社会科学研究一般资助项目和辽宁省科学技术计划资助项目,是课题《新制度经济学视角下我国制造业产业集群的升级路径研究》(批准号:11YJA790083)和《节能减排视角下辽宁制造业产业集群升级与区域经济发展研究》(编号:2012232001)的研究成果之一。

　　该课题研究开始于2011年,由刘春芝教授担任项目负责人,项目组成员主要是由沈阳师范大学国际商学院和省内其他高等院校从事经济学与管理学研究的教师和研究生组成。作为项目负责人,刘春芝教授全面统筹研究思路与框架、组织分工、实地调研等工作,史建军老师负责全书的书稿撰写与计量分析,刘璐老师等人负责实证分析和项目的日常组织与协调工作。该项目的最终完成和本书得以出版,是全体项目组成员精诚合作和辛勤劳动的结果。

　　本书写作分工如下:刘春芝撰写第一章、第二章、第三章,史建军撰写第四章、第五章、第七章,刘璐撰写第六章和第八章。参与框架设计、资料整理、问卷调查与实地调研的人员有国际商学院的孙莉莉老师以及李晓训、姜皓东、田馨然等同学。

　　我们真诚的感谢人民出版社为本书的出版所创造的一切条件,更感谢沈阳师范大学科研处对本项目开展和本书出版的大力支持,并感谢论文中所涉及的参考文献的全部作者!

　　在研究过程中,我们充分吸收了许多国内外制造业产业集群领域已有的研究成果,这些成果为本课题的研究提供了有意义与价值的参考,并进一步拓展了我们的研究视角和研究思路,丰富了我们的研究内容。在本书的撰写过程中,凡有借鉴或引用之处,我们均在当页做了注释,并在书后列出了参考文献,若有疏漏,我们在此表示由衷的歉意。

产业集群升级问题作为一种新的经济现象,需要我们去不断地给予关注和探索。然而,由于学识和能力有限,书中定有许多缺陷和不足之处,敬请各位专家和读者批评指正。

《新制度经济学视角下我国制造业产业集群的升级路径研究》课题组
《节能减排视角下辽宁制造业产业集群升级与区域经济发展研究》课题组
2013 年 4 月